教师职业发展与减压丛书

小学教师减压手册

XIAOXUE JIAOSHI
JIANYA SHOUCE

丛书主编：高峰强

主　编：司继伟　王冬梅
副主编：胡丽萍　张祖霞

华东师范大学出版社

总序

　　"十年树木、百年树人","百年大计、教育为本"。教育不仅关乎个人的发展、个体的命运,而且承载着薪火相传、民族兴衰、社会进步的历史重任。教育的神圣使命最终要依靠教育的执行者、实施者——教师来完成。正因为如此,古今中外,人们给予"教师"这一职业以极高的评价或界说:"师者,所以传道、授业、解惑也。""教师是太阳底下最光辉的职业。""教师,是辛勤的园丁。""教师是人类灵魂的工程师。""春蚕到死丝方尽,蜡炬成灰泪始干。"……这些描绘中既有对教师基本职责的框定,也有对教师崇高的牺牲、奉献精神的赞誉,但也暗含了教师这一职业的艰辛与悲壮。

　　压力与神圣同在,艰辛与使命并存,教育的神圣性决定了教师这一职业责任重大,任重道远!自古至今,概莫能外。但伴随着社会的快速发展,人们承受的压力与日俱增,教师这一职业的压力变得尤为突出。作为一名教师,除了要承受一般的生活压力外,还要承受职业压力。教师的职业压力与我们国家长期以来实行的应试教育体制密切相关。"一考定终身"的残酷现实使得全社会都把升学率、考试分数作为衡量一个学校、一名教师教学质量、教学水平的主要甚至是唯一的指标。教师的职业压力来自方方面面——社会要高素质人才,学校要升学率,家长要考试成绩,而学生要自由快乐……这众多的诉求如同一座座大山重重地压在教师的肩头。作为自然普通的存在,教师是人而不是神,他们能做的只有全身心投入到这场没有尽头的博弈中。教师的压力首先表现为"劳力":备课、讲课、批改作业、辅导学生、管理班级、家访……教师每天的工作时间远远超出 8 小时,"早'五'晚'十'"成为许多教师尤其是高中教师真实生活的写照。这还在其次,教师真正的压力在于"劳心":现在的学生越来越有个性,加之他们正处于自我同一性形成与定型的阶段,因此越来越难以管教;家长的要求越来越苛刻,维权意识越来越强,教师稍有疏忽或失误,就可能被问责,甚至被告上法庭;学校对教师的要求也越来越严格,各种指标、考核、检查"接踵而至",无休无止;同事之间竞争日趋激烈,大家都不甘落后,互不相让;职称评审的条件越来越高,越来越难……此外,中国正在进行的基础教育改革和高考制度转型在短期内不仅没有给广大教师减轻压力,反而不断施压:改革的探索、尝试、不成熟都使得教师不得不"两条腿"走路,既要适应新的教改要求,还要继续为"升学率"战斗!游走在两种体制之间,他们常常无所适从,心力交瘁!《南方周末》2015年 1 月 22 日文化版谈及 2014 年的中国网络舆情:"……比如扶弱抑强的'罗宾汉情结',把官员、警察、城管、医生、教师妖魔化为'网上黑五类'。"这是继"文革"期间教师被标签化为"臭老九"之后又一次"榜上有名"。同期还发表对著名作家严歌苓的专访,谈及她的一部新作《老师好美》,读后令人唏嘘:"教师怎么了? 做教师好难!"

种种压力交织在一起,久而久之,必然导致教师的身心出现各种问题。例如,职业倦怠,诸多研究表明,教师是职业倦怠的高发群体。许多教师患有各种慢性疾病——胃溃疡、高血压、心脏病、神经衰弱……有的老师甚至倒在了三尺讲台上——因过度疲劳晕厥,甚至因心肌梗塞不再醒来;有的老师不堪重负,选择自杀来逃避永无休止的压力;有的老师,把自己的焦虑、抑郁、愤怒、无助等情绪发泄到学生、同事、家人身上,结果酿成很多学校悲剧和家庭悲剧。每一个悲剧的后面常常掩盖的是一颗颗焦灼、病态的心灵,而这病态心灵的背后,过大的职业压力往往才是真正的刽子手!

我作为已从教 20 余年的教师,对这一职业的酸甜苦辣、喜怒哀乐、起落沉浮、悲欢离合自然有着切身的体认和透彻的体悟。因工作的关系,平日里我与大中小学校领导、教师有过或多或少、或深或浅的交流和交往；因科研的需要，我对不同层级的教师进行过或集中或分散、或群体或个案的调查研究和咨询辅导；因专业的性质，我热衷于或"被迫"在大礼堂、报告厅或教室里举办过有关教师心理保健方面的正式学术报告、科普宣传、团体培训。近年来我和本丛书分册主编们先后承担过数项有关教师教育及专业成长方面的国家级、省部级科研项目，涉及教师工作压力、职业倦怠、应对策略、心理健康、社会支持、集体效能等众多领域，完成了20余篇博士、硕士学位论文和30多篇研究报告。我一直想把这些加以充实整理、概括提炼，以形成一个完整的体系，编撰一套有关教师专业发展与减压方面的丛书。我与几位同道中人（本丛书分册主编们）坐下来稍作交流便一拍即合，达成共识——值得做。我们经协商确定了丛书的编撰原则：学术性、趣味性并重，科学性、可读性共存，规范性、实用性一体，针对性、操作性交融；丛书的写作的要求是：丛书主编整体把关，分册主编"分头用兵"，各册撰稿人员文责自负。

尽管丛书以教师减压为主线，但教师专业发展和职业生涯规划是基本前提，教师的专业胜任力和生涯规划对压力感受而言至关重要，所以专门撰写一本《教师职业生涯规划与发展》，以发挥引领性、普惠性的作用。至于将教师分成小学、初中、高中、大学四个群体，则基于尽管大家都是教师，但因直面的教育对象和承担的任务各有侧重：小学教师面对的是天真的孩童，一半机灵一半懵懂；初中教师面对的是躁动的少年，一半幼稚一半成熟；高中教师面对的是拼命的考生，一半困惑一半清醒；大学教师面对的是迷惘的学子，一半清高一半失落。就小学、初中、高中教师而言，育人的责任似乎胜过教书；就基础教育来说，完成教学任务是本职或天职，而就大学尤其是重点大学来讲，教师的科研负担压力山大。《小学教师减压手册》、《初中教师减压手册》、《高中教师减压手册》、《高校教师减压手册》各自为战且目标一致：减压，以获致针对性、适切性的效果。

本套丛书的出版也颇费周折：初稿已经成型时，原约稿的出版社因领导更换，莫名其妙地将原定的口头协议废止，致使丛书"几近胎死腹中"。我们另寻觅了几家出版社，虽对选题和内容很感兴趣，但关于体例和字数等各执己见，难以达成共识。正值尴尴难解之际,华东师范大学出版社教育心理分社社长彭呈军先生慧眼抬爱、鼎力襄助,决定出版本丛书。至今仍未谋面的孙娟编辑不辞辛苦,前后张罗,使丛书以最快的速度、最佳的风姿呈献在广大可亲、可爱的教师面前,在此谨代表作者和读者一并鞠躬致谢。书稿写作过程中,我们查阅、参考和引用了大量国内外的相关研究成果和资料,在此谨向注明或未注明的文献作者表示真挚的谢意。本丛书是山东省应用基础型人才培养特色名校建设(应用心理学专业)的一项成果,在此特作说明。

高峰强

2015 年 2 月 11 日(农历小年夜)谨识

目录

目录

目录

第一编

基　础

还记得刚进小学读书时，重重的书包背在肩上的感觉吗？还记得才入职时，面对几十号调皮捣蛋的孩子，下决心努力把工作干好的心情吗？这都是压力所带给我们的感觉。压力是我们最近的邻居。压力是什么？从心理学的角度讲，压力是个体基于外界刺激所产生的一种紧张状态，刺激事件包括各种内在及外在情景，它要求机体作出某些适应性反应。完整的压力概念包含压力源、压力应对、应对资源、压力反应、压力结果等。压力的来源很广泛，特别是当今世界，竞争无处不在，人们承受的生活、家庭、工作压力不断增加，其中职业压力最为突出。互动论将职业压力视为个人能力与压力反应之间的交互作用，个体将环境对自己的要求与自己应对此要求的能力相比较，即可知觉是否存在压力。比较经典的职业压力源分析框架主要包括环境因素、工作因素、角色压力、人际关系冲突、工作—家庭冲突、职业生涯发展六个方面。压力对个体的生存和发展有一定的积极作用，但其对我们生理、情绪、性格的消极影响也不容小觑。小学教师被认为是一个压力很大的职业，表现在生活、工作、心理等各个方面。由压力所导致的小学教师的消极情绪主要有愤怒、抑郁、焦虑等，最重要的是这种过重的压力无疑会引发小学教师的职业倦怠和教师问题行为，由此产生的对教育教学的负面影响更是不容忽视，漫谈就从这里开始吧。

第一章

压垮骆驼的最后一根稻草
——压力与职业压力

压力不是一个讨人喜欢的概念,它让我们的精神紧张,使我们的身体出现这样或那样的问题。然而,长久以来,压力与我们的生活朝夕相伴,可以毫不夸张地说,有人的地方就有压力。压力带给我们的感觉很直接,对我们的影响也很复杂,这是因为压力的来源很广泛,表现在多方面。此外,压力的程度也很多样。今天想和大家探讨的则是职业压力带给我们的影响,因为这是每个"社会人"都不得不面对的一个重要问题。

美国的一份调查显示,1980 年职业压力所引发的经济索赔占美国全部职业病索赔的 5%,1990 年这一比例上升为 15%,职业压力引发的经济索赔、劳动生产率下降、旷工、健康保险费用增加以及高血压、心脏病等直接医疗费用,每年给美国带来的经济损失高达 2 000 亿美元。日本厚生劳动省 2003 年 6 月的《国民健康报告》指出,从 2002 年 4 月到 2003 年 3 月,共有 317 人因为工作过度引发心血管疾病,几乎平均每隔 1.15 天,就有一位日本人过劳死。[①] 这些数据证实,过重的职业压力会引发严重的社会经济问题,从对个人的影响来看,长期的压力则会使人产生倦怠、工作状态不佳,甚至出现生理和精神上的疾病。这样的例子屡见不鲜。施正文等人通过研究发现,压力

---

① 转引自龚艳平、龚爱清、蔡翔:《职业压力的理论研究评述》,《第八届中国青年运筹信息管理学者大会论文集》,2006 年 8 月 18—22 日,第 466—471 页。

的影响不只与压力大小相关,压力持续时间的延长,也会导致身体疲倦、体力透支、愤怒、崩溃等,而且人的表现会越来越差,受影响的程度越来越深(参见图1-1)。①

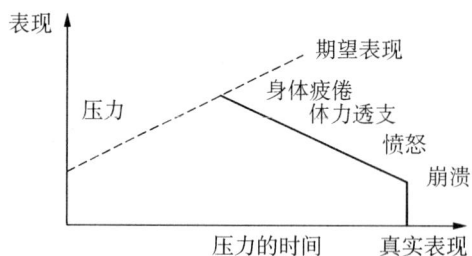

图1-1　长期压力对表现的影响曲线

---

① 转引自陈村河:《国营事业民营化留用员工之工作压力研究》,中山大学人力资源管理研究所硕士论文,2000年。

第一节

欲识庐山真面目
——压力,你是谁

一、区分压力

"压力"这一概念源于物理学。在物理学中,压力 (Stress)是指当物体受到试图扭曲它的外力作用时,在其内部产生的相应的力。从心理学的角度讲,压力是个体基于外界刺激所产生的一种紧张状态,刺激事件包括各种内在及外在的情景,它要求机体作出某些适应性反应。

正如那些坚持"有压力才有动力"的人所言,不是所有的压力都是有害的。许多人相信人必须经受一定程度的压力才能保持健康。人体需要体内平衡或生理的平静,但也需要一定程度的生理唤醒以保证许多器官处于良好的功能状态,包括心脏和肌肉骨骼系统。① 从这个角度出发,压力可以分为三种类型:正性压力,中性压力,负性压力。

正性压力就是好的压力,产生于个体被激发和鼓舞

① [美]西华德:《压力管理策略——健康和幸福之道》,中国轻工业出版社 2008 年版,第 7 页。

的情境中。比如,坠入爱河是一种正性压力,邂逅电影明星或著名运动员也是一种正性压力。一般来说,正性压力情景都是令人愉快的,因此,它们不被视作威胁。中性压力则是一些不会引发后续效应的感官刺激,它们无所谓好坏。比如听到国外某个地区发生了地震的新闻,便属于中性压力。第三类是负性压力,即导致消极后果的压力,经常就被简称为压力。负性压力又可以分为两类——急性压力和慢性压力。前者来势汹汹但消退迅速,比如说你行驶在高速公路上,风从发梢掠过,你感觉生活是那么美好。突然,你从后视镜中瞥到了闪烁的蓝色灯光。天哪!你赶紧减速并停了下来。警车也在你后面停了下来。此时你的心跳加速,声音颤抖,手心也在冒汗。你赶紧掏出证件,并把车窗摇了下来。当警察询问你为什么要超速驾驶时,你的声音比平常提高了三个八度。检查过你的汽车和证件之后,警察仅仅是警告了你一下便开车离去了。等他驶出了视线,你重新发动汽车,开回高速公路上。威胁解除了,几分钟之内,你的内心恢复了平静,手心也干燥了。急性压力的强度仿佛洪水猛兽,但仅仅是短暂一刻。慢性压力则不会那么强烈,但可能持久得让人无法忍受。比如整个学期强忍着和"一个从地狱来的室友"住在一起;与一个令人讨厌的老板共事,使你的工作变得比奴隶还要凄惨;生活在一个你无法忍受的城市里等等。因为身体要被危险不断地折磨,所以慢性压力被视作不折不扣的恶棍,这种压力往往会使人产生疾病。

20世纪中期,加拿大内分泌学家Selye提出了压力可导致生理反应的观点,并区分了压力源和压力反应。压力源(Stressor)又称应激源或紧张源,是指对个体的适应能力进行挑战,促进个体产生压力反应的因素。也就是说,完整的压力概念应该包含压力源、压力应对、应对资源、压力反应、压力结果等因素,需要读者做初步的了解。

二、压力源

关于压力源我们探究的是那些会迫使个体偏离他或她的正常心理或生理功能的工作相关因素,主要关注的是工作条件对个体健康的负面影响。比如角色压力(包括角色模糊、角色冲突、角色超载等)、工作量过大、缺乏控制感、人际冲突和组织限制性等等。

压力源的分类各有侧重,这里主要介绍两种。

一是按照压力源的性质,将其分为三类:

1. 生物性压力源。生物性压力源指的是直接阻碍和破坏个体生存与种族延续的事件。包括躯体疾病创伤或疾病、饥饿、性剥夺、睡眠剥夺、噪音、气温变化等。

2. 精神性压力源。精神性压力源指的是直接阻碍和破坏个体正常精神需求的内在事件和外在事件。包括错误的认知结构、个体不良经验、道德冲突及长期生活经历造成的不良个性心理特点等。

3. 社会环境性压力源。社会环境性压力源指的是直接阻碍和破坏个体社会需求的事件。分为两方面:其一是纯社会性的,如重大社会变革、重要人际关系破裂、家庭长期冲突、战争、被监禁等;其二是由自身状况造成的人际适应问题等。

二是按照压力源的介质,压力源也可以分为三类。

1. 客观压力源和感知压力源。客观压力源是指使个体感到压力的环境因素,相关研究表明,客观压力源会对教师的健康产生直接的影响。感知压力源是指个体对客观压力源的评价,由于个体差异,可能会对类似的工作环境有不同的感知。

【33岁的农村英语教师小王今年很高兴,因为通过教师招聘考试,他终于如愿以偿地调入了市里最好的一所初中。可好景不长,才来市里上班不到半年,小王老师就感到身心疲惫,对工作失去了信心。原来,小王老师之前在农村教小学,工作十分轻松,上完了课就可以回家,没有升学压力,农村孩子质朴,对老师也十分尊敬。而到了市里之后,小王发现所有的一切都变了。教学任务沉重,绩效考核标准严苛,以及与之前完全不同的学生,让小王老师倍感压力。】

在这一案例中,新环境给小王老师带来了压力,这就是客观压力源。而与其身边的同事相比,小王老师感受到的压力也更大,这也与小王老师本身的认知有关,属于感知压力源。

2. 基于任务的压力源和社会压力源。基于工作任务的压力源与工作内容和工作任务有关,如工作项目的截止日期或时间压力。社会压力源则是指工作场所中的人际关系不和谐,如与领导的冲突等。

3. 挑战性压力源和阻碍性压力源。挑战性压力源是工作中个体为了达到其工作目标和实现自身能力而必须完成的工作要求,例如,超负荷工作量、时间压力、高风险责任以及工作的复杂性等。阻碍性压力源是指工作场所中的需求和因素被个体视为不必要的阻挠和障碍,包括角色冲突、角色模糊、组织派别之争和缺乏职业保障等。这些因素阻止目标的达成和个人的成长。

三、压力应对

压力应对是指个体在面对压力情境时所采取的应对策略。主要包括:

(一)面对现实

现实生活对于每个人来说都是相当复杂的,因此,对自我的理想和要求要建立在切合实际、力所能及的基础之上,不要过高地制定自我难以实现的目标;否则,目标不能实现就会引发自卑感和无能感,最终产生抑郁焦虑情绪。一般来说,目标制定得越高,压力就越大,因此,在现实生活中既不要苛求自己,也不要苛求他人,保持平常健康的心态,有利于缓解各种压力。

(二)宣泄

宣泄是指将内心的压力排解出去,以减轻或消除心理压力。当一个人反复积累自己的烦恼、痛苦,不愿意暴露于外界,或将其压抑埋藏在心里时,一旦在生活中遇到刺激或压力,就会加剧其自我的苦恼,最后心理失衡,产生心理疾病或身心疾病。因此,当自己有烦恼,遇到自己解决不了的事情时,要向亲朋好友倾诉出来,哪怕是痛痛快快地大哭一场,把不良的情绪宣泄出来,释放出压抑的情绪,才能心理平衡,有益于身心健康。宣泄时应采取适当的手段,摒弃不健康的方式,如酗酒、打闹、发牢骚、说怪话等,因为这些方式不但无济于缓解内心的苦闷,反而会加剧心理的痛苦。

(三)转移

当一个人遇到困难挫折时,如与同事关系紧张、工作任务过重、家庭争吵等,而一时又无法解决这些问题,就应顺其自然地接受所面临的困境和问题,同时把注意力转移到其他方面,如户外散步、打球、聊天、娱乐、旅游等,以淡化某种困境,遗忘烦恼之事,使紧张的情绪松弛下来。这种有意识的转移,可使情绪压力得以缓解。

(四)两分法看问题

当人面对困境而沮丧时,不妨从两个方面来认识问题,认知正确了,情绪就会相应发生变化。有这样一个故事,从前有一个老婆婆她有两个儿子,大儿子卖伞,二儿子修鞋。这个婆婆每天都生活在悲伤之中:因为天晴了,大儿子伞就卖不出去了,她担忧,她伤心;天阴要下雨了,她也担心,因为修鞋的二儿子就没有生意,赚不到钱了。于是老婆婆整天生活在抱怨与不幸之中。后来她向一个智者询问解决的办法,智者说:"你应天天高兴啊,因为不管晴天还是阴天,你的儿子都可以赚钱啊!"老太太一想,对啊!于是就高兴起来了,也感到生活幸福了许多。可见,生活对每个人都是公平的,只是人有时因为贪婪而遮住了发现幸福的眼睛,只要学会换位思考,你就会觉得生活原来是很快乐、很幸福的。幸福是一种感觉,幸福是一颗平常心,有了平常心,人自然就时刻生活在满足与幸福之中,压力也就烟消云散了。

（五）运动

运动是最好的放松方式,因为它可以帮助你释放紧张和压力,缓解疲劳,减轻焦虑。运动不但能增强体质,而且能锻炼人的意志品质,提高我们对困难和挫折的应对能力。

（六）音乐

音乐作为一种时尚的减压疗法,对很多人都适用。舒缓的音乐有助于睡眠,激昂的音乐则有助于提神。感到烦躁、面对压力时,不妨戴上耳机,在音乐的海洋中畅游。声音减压分为内在的声音和外在的声音。内在的声音减压主要是通过语言来进行心理暗示,它可以极大地激发人的潜能;适当的时候也可以找些令自己舒缓焦虑、激昂斗志的没有歌词的纯音乐,不断地聆听。

（七）幽默

幽默对紧张和压力过大的人而言是一种松弛剂。当一个人紧张不安时,适当幽默一下,可以应付紧张尴尬局面,使情绪恢复正常。其次,幽默使人开怀大笑,有助于肌肉放松,缓解压力,恢复正常心态,从压力中解脱出来。

四、应对资源

压力的应对资源主要指影响个体应对压力的个人资源、环境资源,如:健康和精力、积极的信仰、解决问题的能力、社会性技能(如与他人沟通、在他人面前表达)、社会支持和物质资源等。因为在后面的章节中将具体分析这部分内容,此处就不一一赘述了。

五、压力反应

压力反应指个体在面对压力情境时所产生的生理、心理和行为的变化，一般指个体对压力的消极反应，如头痛、食欲不振、胸痛和胃肠问题、抑郁、焦虑、缺勤、离职、与家人同事的冲突增加、抽烟、酗酒等。压力反应主要分为生理压力反应、心理压力反应以及行为压力反应。

（一）生理压力反应

生理压力反应的主要表现是生理上出现的一些不适的症状。如嗳气、胸闷、疮气等。

工作压力的生理应激反应包括急性的反应指标，如暂时性疲乏、心率上升、呼吸短促、疼痛加剧（尤其是头疼）以及肌肉紧张，也包括慢性的疾病，如高血压、心血管疾病、与免疫力相关的症状、疲乏、失眠以及肌骨病等。

在压力情境下，躯体反应主要由自主神经系统控制。当我们处于放松状态时，副交感神经系统比较活跃，我们将会镇静下来，心率和血压也处于平稳状态，此时消化系统比较活跃，身体会保存能量。当我们处于压力情境中时，交感神经系统比较活跃，这时心率就会上升，血压就会升高，身体的机警性也在提高。心率增加、血压升高和诸如葡萄糖、游离脂肪酸等能源的迅速动用，在频繁重复的情况下，将直接导致一些疾病的发作，如心脏病；或者引起一些其他的疾病，如糖尿病、不同种类的癌症、自身免疫性疾病等等。因此，保持神经系统中交感神经和副交感神经的平衡是非常关键的。

（二）心理压力反应

心理压力反应主要是指因工作满意度低，出现愤怒、压抑和沮丧等情绪、情感反应,主要包括工作满意度的下降和抑郁症状的增加。研究表明,工作压力源,如角色压力源、组织限制、人际冲突、工作量超载、工作自主性的缺乏和工作—家庭冲突等都会导致沮丧、焦虑、伤心、愤怒、工作满意度下降、离职意愿和其他相关的消极情绪。

（三）行为压力反应

压力反应的行为表现比较明显,普遍存在一些症状,比如酗酒、抽烟、暴食、药物滥用、睡眠障碍以及交流和沟通上存在问题。在沟通行为方面,通常表现为不良的倾听行为、人际疏远或者伴随压力水平上升,在沟通中变得富有攻击性。当人们处于高度压力情境时,习惯性行为如紧张习惯:手指敲击、颠腿、搔头皮、咬笔头、坐立不安等行为就会增多。一旦习惯性行为倾向于增加,新的、有益的行为就会倾向于降低。这种效应同样适用于与健康相关的行为:在压力增大时,长期锻炼的人会更爱去体育馆;而在相同情况下,刚开始锻炼的人则很难将这个新行为坚持下去。

六、压力结果

压力结果指压力对个体产生的持久性影响,如失眠、抑郁、焦虑、高血压、心脏病等。压力是一个各变量动态联系的过程。在这个过程中,个体通过对个人资源和潜在压力情境进行比较,来评估该情境对自己的影响。当个体认为情境会对自己造成压力时,其心理、生理和行为会发生变化,随之采取某种策略来应对这一压力情境。应对可能是成功的,也可能是失败的。成功应对或失败应对的结果都会对自己的身心健康造成影响。压力应对的结果可能会成为个体下次评估情境的影响、选择应对策略的基础。

第二节

拨开云雾见月明
——职业压力面面观

在欧美及日本等一些发达国家,与压力有关的精神失调已成为上升最快的企业人员的职业病,公司中有 25% 的员工会出现焦虑症或与压力有关的疾病。Geurts 和 Grundemann (1999)对 15 个欧洲国家的调查发现,57% 的员工感觉工作对他们的健康产生了消极影响,28% 的员工感到工作让他们的健康和安全处于危险境地。工作压力除了对个人的健康造成影响之外,还会导致一些组织问题,如员工不满、消极、高离职率、缺勤和低生产率,并且这种影响还会波及家庭,造成一些家庭问题。正是工作压力带来的这些不容忽视的影响,让越来越多的学者开始关注工作压力,投身工作压力的研究之中。

早期对压力的研究多由精神医学和心理学、卫生学等领域的学者进行。French 和 Kahn (1962)首次将压力管理的观念引入企业管理之中,探讨职业压力问题。目前对职业压力的定义非常之多:刺激论把职业压力视为一种力或者刺激,将职业压力界定为工作环境中某些特性对于个体造成压迫而产生的不良影响。刺激论把职业压力看成是人面对外界的刺激所表现出的生理的紧张、恐惧等,强调的是人的一种生理反应,强调职业压力的外部因素,而没有考虑到个人对压力程度的感知和评价,也没有注意到对压力反应的处理策略,这是早期关于职业压力的观点。反应论把职业压力视为个体对环境刺激产生的生理和心理的压力反应。与刺激论不同,反应说着眼于人们对待压力的体验和认知,把职业压力看成是人的主观感受,认为职业压力是由于环境刺激物的影响使人们表现出的一种心理反应,强调人的心理和精神层面。综合刺激论和反应论的观点,互动论把职业压力视为个人能力与压力反应之间的交互作用,个体将环境对自己的要求与自己应对此要求的能力相比较,即可知觉是否存在压力。

如果一个人想知道如何消除压力,就必须明白,自己的压力究竟是怎么来的,究竟是什么原因造成了压力,这就需要我们知晓影响压力的因素是什么。尽管不同的人对工作压力的感受有差异,工作压力还是有规律可循的。总体来说,引发工作压力的根源因素大体上可以分成两大类:一类是与工作组织有关的因素;另一类是和工作者个人有关的因素。当然,这些因素之间还会相互影响,构成复杂的工作压力系统,对工作者产生不同的影响。比较经典的工作压力源分析框架主要包括以下六个方面——环境因素、工作因素、角色压力、人际关系冲突、工作—家庭冲突、职业生涯发展压力。

一、环境因素

环境因素主要强调环境的不确定性,它包括经济、政策和技术的不确定性。比如,商业周期会造成经济的不确定性,经济萧条总会伴随劳动力减少、解雇人数增多、薪水下调等后果,人们会为自己的安全保障降低而倍感压力。随着社会的发展,观念、职责甚至社会趋势会发生不同程度的变化,从而给个人带来压力。由于社会压力的根源在于社会的发展变化,单位和个人难以对其产生很大影响。好的单位通过文化渗透、个性化管理方式,顺应社会发展的需要,可以在一定程度缓解社会发展对员工产生的压力,也可以通过改善整体工作环境,设计灵活的工作时间或移动办公,提供周到的家庭服务、更多福利等管理手段实现对压力的控制。

二、工作因素

工作本身的因素主要是指工作任务和工作环境中的内容,包括工作环境不好、时间的限制、工作负荷过重或过轻以及工作无趣等。工作负荷过重是指由于工作难度过高或数量过大,使人难以在正常的工作时间内完成;工作负荷过轻,指的是工作单调、重复而无挑战性。

工作环境的变化也是工作压力的主要来源之一。工作环境的变化扰乱了日常生活的正常秩序,使员工的生活处于一种不稳定的状态。如 IBM 公司于 1992 年实施首次紧缩、裁员计划时,那些几乎大半生都在为 IBM 工作的资深员工无法面对这种机构调整的压力,不少员工因此一蹶不振。被迫流动的员工可能感到对工作失去控制,并且经受着工作环境中难以预料的困难。流动还可能对家庭成员带来问题,对刚搬迁的那些员工,工作压力和家庭压力存在着令人厌烦的恶性循环,在其个人的社会关系、经济关系和家庭生活中,这种变化越多,个人压力就越大,这种变化越快,压力也就蓄积得愈多。

工作自主性是指个体在安排工作,并确定用何种程序执行工作时的自由、独立和决断的程度,它已被确定为一个员工心理和生理压力的潜在来源。理论上已经有充分证据证明低工作自主性与苦恼之间具有相关性。众多的实证研究表明,低自主性与压力反应显著相关,既包括心理的症状(如抑郁症)也包括生理的症状(如头痛)。

三、角色压力

角色是指一个人处于特定位置时被预期的所应做的一系列行为。在组织设置中,角色对于调节个体成员的行为起重要作用。员工在组织中可以通过多种正式或非正式的渠道得到与角色相关的信息。角色冲突和角色模糊是组织当中最普遍存在的现象,是与工作相关的特别重要的压力源。

当其他人对某个人的角色的知觉或期望有所不同时,这个人就可能会体验到角色冲突,这种冲突使他很难同时满足所有人的期望。角色冲突指的是个体所体验到的同时来自于环境的难以调和的数种不同期待,如必须与别人相处的压力、运用人力方面的困难、接到相互矛盾的指示信息或资料等。工作中的角色冲突非常普遍,对于那些与组织外部有很多工作关系的员工,即具有多重角色的人来说,角色冲突最为复杂。他们对外的角色和对内的角色对他们的工作要求是不同的,这就导致了角色冲突。那些很少有外部关系的人角色冲突最少,而那些有频繁外部关系的人角色冲突最多。

角色模糊是指个体所体验到的角色环境的不确定性,主要是指对自己在工作中应该充当什么样的角色把握不准,或者是不同的上司对工作的期待不同以致产生角色模糊。与同事、上司和下属保持良好的工作关系和友好交往是组织生活极其重要的一方面,它可以帮助人们达成个人和组织目标。但是当两个或更多的个体感觉到他们的态度、行为或偏好的目标是对立的时候,就会产生人际冲突,主要包括公开冲突、缺乏信任、敌意和竞争等,这些都会增加员工的心理压力。

四、人际冲突

人际冲突泛指人与人之间的冲突。弗罗斯特与威尔莫特给人际冲突下的定义是:"相互依赖的两方或两方以上之间的公开的争斗,他们发现彼此的目标不一,他们之间的关系回报不大,或者在实现目标时受到对方的干扰。"[①]总之,当彼此的行为与各自利益相左,而无法取得回报时,就会出现冲突。其特点有:双方都感知;意见的对立或不一致,且有一定程度的相互作用;是一个过程。

人际关系冲突造成企业员工之间关系紧张、互不信任、互不团结、内耗现象严重、

---

① 转引自迈克尔·E·罗洛夫著,王江龙译:《人际传播——社会交换论》,上海译文出版社 1991 年版,第90 页。

缺乏沟通、各自心灵闭锁、拉帮结派等不良人际关系,会造成企业生产效率低下,凝聚力下降,一旦企业出现危难,员工不能同舟共济渡过险关,最终可能会导致企业的倒闭或破产。

五、工作—家庭冲突

如上所述,我们在社会上扮演着不同的角色。这些角色可以按工作和家庭领域进行大致的区分。在家庭领域,个体角色包括子女、配偶或父母等。在工作领域,个体角色包括雇员、经理、实习生或工会代表等。工作和家庭间的互动、交叉、利益关系是非常复杂的。工作—家庭冲突是某种形式的角色间冲突,在其中所起作用的压力源主要是工作和家庭领域互不相容的部分。工作—家庭冲突是双向的,包括工作干扰到家庭和家庭干扰到工作。工作—家庭冲突有三种表现形式:

1. 时间冲突。当多重角色对个人时间的需求发生争夺或竞争的情形时,时间冲突就会发生。

2. 紧张冲突。当某一领域的角色压力使个人产生生理或心理上的紧张,继而阻碍他完成另一领域的角色期望时,紧张冲突就会发生。

3. 行为冲突。在工作及家庭领域中,合适的行为模式不尽相同,当这些模式之间产生矛盾,而必要的行为调整又无法完成时,行为冲突就会发生。

大量研究表明,工作—家庭冲突存在于不同的职业当中,不仅影响着个人的身心健康,如焦虑和抑郁、身体不适、低生活满意度等,而且对许多工作结果变量带来了消极的影响,如工作效率低下、职业倦怠、工作满意度低、缺勤和离职等。

六、职业生涯发展压力

对于任何一个人来说,职业生涯发展都不是一条直线,而是可以被划分为许多阶段。比如按照职业发展的过程可以将其分为开始职业、发展职业、维持职业、结束职业和转换职业等不同的发展阶段。每一发展阶段都有不同的影响因素存在,都会产生一定程度的压力。因此,在职业生涯规划成为每一位职业人士必修课的同时,职业生涯发展压力也逐渐进入人们的视线,成为职业压力研究中重要的课题。

第三节

想说爱你不容易
——压力，一把双刃剑

生活要么是一场大胆的冒险，要么什么也不是。

——海伦·凯勒

压力并非某个特定国家、特定人群的专属权利，而是作为一个国际性的话题，存在于地球的每一个角落，深入到了每一个国家、省份和城市。世界卫生组织（WHO）在进行过多项以压力和疾病为主题的调查之后，得出如下结论：压力在每一个国家都发展到了严重的程度，WHO专家称其为"全球大流行"。压力无视年龄、性别、国籍、社会经济地位的差异，成为"机会公平的破坏者"，只要事情没解决，压力就可能暗中影响你的生活。

一、压力的消极作用

2008年8月9日，人们似乎依然沉浸于奥运会开幕式震撼人心的场面里。然而，接下来的奥运赛事却令国人大跌眼镜：奥运首金竟与中国队无缘！之前倍受国人推崇的奥运名将，今天却像被施了魔法一样，一个个不敌对手，接二连三地落马而去。其中呼声极高的是 10 米气步枪女运动员杜丽和 10 米气步枪男运动员谭宗亮，这两位曾经多次获得金牌的优秀运动员竟在预选赛上被淘汰出局。看到此情此景谁不会心痛呢？主场作战，我们的运动员尽占天时、地利的优势。到底是什么原因，使这些战绩颇佳的运动员在家门口的赛场上，接二连三地失利呢？杜丽面对记者倒出了心里的苦水："还没有适应在家门口比赛的压力。"领队也认为主场压力太大导致运动员发挥失常。

（一）为什么我们不能适应压力

长期承受生活压力会导致各种疾病，消耗身体的大量能量。当问及压力的影响时，大部分人会提到失眠、焦虑、失控或难以应付的感觉。开始时，我们还能抵御压力，但身体器官慢慢会变得不堪重负，结果就产生了我们常说的那些疾病，如冠心病、溃疡、高血压甚至癌症。

我们究竟能抵御什么样的压力，我们的机体为什么会变得不堪重负呢？要回答这个问题，我们就得回顾一下历史。几千年之前的石器时代，人们的生活方式决定了对压力事件的反应机制。那时人们吃新鲜、未加工和现成的食物，消化系统就必须与之对应。自然界的幸存者必须学会采集食物并且保证自己免遭野生动物的伤害，种植、打猎和建房等对人类生存而言都是现实的挑战。那时候的压力是可想而知的，人类的机体产生了与之相适应的"战斗或逃跑"的反应。具体而言，当人们觉得饥饿时，就寻找食物或者捕猎；当人们面对动物或敌人的危险时，便选择逃跑或是战斗；当人们知道冬天即将来临时，则学会了建造房屋以避严寒。可以说，远古时代人类所产生的这些压力应对反应大部分是为了满足生存的需要。

与远古时代的生活相比，人类进入工业化社会的时间只有数百年，然而这几百年来人类面对的变化却是剧烈的、不可思议的。遗憾的是，我们的身体或者机体反应还无法同时改变。从这个意义上说，人自身的构造和功能与我们需要适应的社会大相径庭。

在当代社会,打猎、种植和建房等为生存竞争的日子已经渐行渐远了。生存竞争已经被诸如不友好的同事、害怕失业、丢失电脑数据或是需要立即完成任务等威胁所取代。我们过去使用的"战斗或逃跑"的反应机制不再适用。想象一下,目前大部分问题是我们无法一走了之就可以解决的,那些大打出手或者退缩不前的行为都是当今社会不鼓励甚至是不允许的,我们不得不学会接受压力并且知道如何在内部"消化"它。

更为糟糕的是,现代社会的压力源比过去更频繁、更强烈、更严重,但我们的身体更多地在利用物理的方式应对压力源。如何调节或者说适应现代社会的压力,人类需要重新学习。[①]

(二) 压力到底影响了我们什么

1. 压力对生理的危害

压力可以导致各类生理疾病的产生,主要表现在六个生理系统上。

(1)心脑血管系统。慢性的紧张压力可慢慢通过高血压引起的动脉硬化导致动脉损坏,通过有黏性的白细胞与成块的血小板,以及脂肪和糖的堆积引起血管的堵塞,甚至可使动脉关闭,造成心肌梗死或脑出血。

(2)肌肉系统。慢性的紧张压力可造成肌肉细胞缺糖,从而形成慢性的肌肉酸痛,特别是精神上的压力可导致颈部和腰部肌肉疼痛。

(3)胰腺系统。慢性的紧张压力会使皮质醇含量升高并降低胰岛素对身体的作用,导致胰腺功能过早衰退。

(4)消化系统。慢性的紧张压力可以使身体分泌的紧张压力激素缓慢地增多,会使消化系统的血管变窄,以致出现胃壁黏膜炎症、胃溃疡和急性胃出血。

(5)免疫系统。慢性的紧张压力会使身体的免疫力下降。

---

① 转引自赵国秋:《心理压力与应对策略》,浙江大学出版社 2006 年版,第 22 页。

（6）肌腱和关节系统。慢性的紧张压力可通过皮质醇值的升高使肌腱和关节系统受损。

2. 压力对情绪的危害

在长期压力的影响下，如果不能及时减压，情绪上会出现如下症状：

（1）抑郁症。情绪低落，对生活失去兴趣和动力。精神萎靡不振、失眠、嗜睡、反应迟钝、懒散、心情烦躁、坐立不安、悲观失望甚至自杀。

（2）焦虑症。心情总是不安、肌肉紧张、心跳加快、盗汗、容易疲倦等，对各方面的事情均感到难以控制、失眠、精神忧郁、脾气暴躁。

（3）强迫症。出现持续而不合理的强迫意念、强迫行为。

（4）惊恐症。总是突然间感到不安或惶恐。心跳加快、呼吸困难、头晕恶心、发抖出汗、身体有刺痛或麻木感、害怕失控、害怕死亡、魂不守舍、觉得周围的事物不真实等。

3. 压力对性格的危害

在压力的刺激之下，性格也会发生很大变化，主要表现在以下方面：

（1）压抑。压抑是指自我阻止能够引起焦虑的思想进入意识领域的一种心理反应。它是缓解心理压力的最基本的自我防御机制。这种压抑机制能够使焦虑的思想不能顺畅地进入意识，而一旦防御能力不能发生作用时，便会心情沉重，出现被压制的感觉。

（2）执拗。执拗是一种逆反心理，是指人在遭受重大挫折之后，失去理智而表现出顽固的思想和行为，固执地坚持所认定的思想和行为。具有执拗心理的人，一意孤行，始终认为自己是正确的，即使再度失败仍不能接受事实。

（3）否定。否定也是人的一种心理应激反应，当人对实际存在的、引起忧虑的环境或事件无法接受或有意逃避时，就会对事件或环境进行否定，以此达到心理平衡，并想以此来消除忧虑，得以解脱。否定的心理就是对引起忧虑的事情的真实性表示怀疑，不承认甚至假装不曾发生过。

（4）冷漠。冷漠就是对任何事情无动于衷、漠不关心，其内心却又十分难过和痛苦。这种状况主要是由于曾经受到巨大的挫折和伤害,害怕再度受伤害,而拒绝一切可能造成痛苦的因素而采取的心理反应。

(5)挫折。当追求既定目标而受到阻碍时,会引发失望、懊恼等不愉快情绪,即挫折感。挫折可以是一种阻力,也可以是一种动力。这取决于受挫者面对挫折的反应:是悲观失望、放弃拼搏,还是吸取教训、激发斗志、从头再来。由此看来挫折反应既可以是建设性的也可以是破坏性的。挫折是一个缓解和觉醒的过程,能够使人思想沉淀、痛定思痛,促进个体对事情的重新认识和权衡。但是如果挫折心理不能及时调整,恢复正常,那么就会让人对自己失去信心,一味地逃避,变得懦弱消极、一蹶不振。

压力还会破坏人的心理防御机制,导致严重的精神失调、错乱,神经崩溃,从而变成完全失去理智的非正常人。

二、压力的积极作用

压力如果超出了人的承受能力,可能导致生理、心理、行为等方面的消极反应,会带来严重的消极后果,这绝不是危言耸听。当然,适度的压力能引起积极反应,不仅可以使人排除空虚和郁闷,而且有利于人的进步与发展。从一定角度上讲,正是由于生活中存在着这样那样的、大大小小的压力,才促使人们不断奋进,在克服困难的征程中获取成功,在消解一个又一个的压力之中获得新生与长足的发展。

上面我们一直在谈压力的负面作用,把它称为"杀手"、"猛兽",不过,这里需要为压力申辩的是,压力不是毫无益处的。事实上,没有压力的世界同样乏味。想象一下,当你早上起来,不确定自己在哪儿,也不关心现在或者将来,那种无所事事、对什么事都提不起兴趣、懒散的、模糊的感觉是什么滋味?平常,我们在完成任务时都会有一点压力感,如果没有一定程度的压力,我们根本无法启动自己。"没法再拖了,必须赶紧行动了",大家经常有这种感觉。一定的压力、刺激或激励对人们完成某项活动是重要的,适度的工作压力或激励与工作、考试、个人生活的良好结果之间存在密切的关系,这已经是不争的事实了。

毛泽东在一次谈话中引申出一个深刻的道理："人没有压力是不会进步的。"他举了战国时期苏秦、张仪的例子。这两位都是鬼谷子的高徒，苏秦当了六国的宰相，张仪去投靠他，却受到冷遇。张仪气得骂苏秦无情无义，一点也不给老同学面子，于是跑到秦国，后来也当上了宰相。多年后张仪才知道，苏秦之所以怠慢他，是因为他知道张仪是个了不起的人才，如果把他留在自己身边，用现在的话来说，顶多当个"科长"；不留张仪是逼他更加发愤图强，取得更大的成绩。所以毛泽东说："人就是要压的，像榨油一样，你不压，是出不了油的。人没有压力是不会进步的。"

当人们被某种压力唤起的时候，往往会加快动作，从而提高效率。比如，生活中，你是不是有过这样的经历：电话铃声提醒了你，或者家人朝你嚷道"你上班快迟到了"，或者你突然意识到你差点忘记了一个重要的约会。大多数人在感到压力的同时手脚都会情不自禁地麻利许多。当然，压力感并不总是在激励着我们，低效率同样和压力相联系。

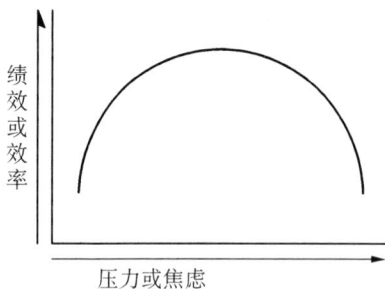

图1-2 压力/焦虑与工作绩效/效率之间的一般关系

图1-2中的倒U形曲线反映了压力和效率之间的一般关系。当没有压力或动力的时候，人的办事效率很低。在毫无压力刺激的情况下，几乎不能提高效率和帮助人们提高挑战能力，生活会变得乏味。挑战恰恰是积极应对压力的一种表达方法。适度的压力可以激发挑战的勇气，工作效率也会提高。同理，学生把考试看成是挑战而不是威胁的时候，学习才会更有动力。

当然，倒U形曲线本身的高低大小变化也受到诸多因素的影响。有些人的曲线又窄又尖，有些人的曲线则是又宽又平。一些伟大的人物，能够忍受许多常人不可抵御的压力，他们的压力曲线就和常人不一样，要比大多数人的压力曲线宽得多、平得多。

一个人的最佳状态需要适度的环境刺激。在倒U形的每一端，不同类型的压力和低效率都会联系在一起。有人说，我们的生活"锈"掉了，大概指的就是缺乏压力或刺激。如果一个人长期做同样的工作，并且重复相同的生活经验，那么他的生活就会"生锈"。设想一个人一直在黑暗的厨房里干活，一干就是15年，他几乎没有其他的生活经验，这会是一种怎样的压力？

在压力不足的情况下，整个精神状态会变得枯竭、乏味和疏离，注意力水平下降，变得容易分心、失去主动性以及投入战斗的能力。单调、原始、简单的生活容易让人产生厌倦和想睡觉的感觉，在这种情况下，许多人都强打精神来拼命地抵抗阵阵睡意。这就是"生锈"的感觉，表现为厌倦、疲劳、沮丧和不满。不难理解，"生锈"源于缺乏多样、有变化、有冲突或有刺激的生活，一个人的能力、观点和抱负不能完全激发，那种荒废和无所事事的感觉就像一把杀人不见血的匕首。当然，过度的压力会让人感觉难以胜任，也会让人感到筋疲力尽。当人们无法完成他们所期望的所有工作或活动时，会感觉到疲惫和力不从心。长时间的过度压力，会导致注意力不集中、思维迟缓、综合能力降低，甚至成为"井底之蛙"：只觉察到身边的一小部分过程，而错过了许多必要的信息。

也就是说，"生锈感"和筋疲力尽都有非常消极的含义。消极的压力、超负荷和压力不足在外在的表现上是互相关联的，常常表现为焦虑、沮丧、担心、挫折以及没有能力处理冲突、变化和挑战。因此尽管我们总是在谈减缓压力，然而在很多情况下，却也会因为缺乏刺激和挑战而倍感困扰。为此，我们需要保持某种适度的压力水平，平衡的状态是需要适度的压力刺激来维持的。

可见，压力也可能是积极的。挑战、征服、控制、合作和互动给人带来的前进和充满机遇的感受，会令人体会到一种积极的压力，这种压力带给人的是一种对生活充满信心和期望的美妙感觉。所以，压力并不是一个可怕的东西，它在一些情景下与动力密切相关，让我们积极进取、不断进步。当你走出家门，看到街头行色匆匆的人群，看到车水马龙，看到店铺里卖力吆喝的小贩，看到脚手架上辛苦工作的工人，是什么让周围的世界充满活力？一言以蔽之——压力！我们提倡减压，但更要正视压力，把压力调节到最佳水平，更好地应对生活的挑战。

第二章

学海中顶风前行的扁舟
——小学教师压力分析

在谈到教师的压力时，很多人认为小学教师没有中考和高考的压力，因此在小学当教师压力会小很多。事实上，小学教师承受的生活、工作、心理压力并不比中学、大学教师小。小学教师的压力同样带给他们愤怒、焦虑、抑郁等不良情绪，并有可能导致小学教师职业倦怠和问题行为。本章将全面解析当前小学教师所承受的职业压力。

第一节

<h1 style="text-align:center">于无声处听惊雷</h1>
<h3 style="text-align:center">——小学教师职业压力现状</h3>

【校长贵族化,领导多员化;教师奴隶化,学生祖宗化;人际复杂化,加班日夜化;上班无偿化,检查严厉化;待遇民工化,翻身是神话。满腔热血把师学会,当了教师吃苦受罪;急难险重必须到位,教书育人终日疲惫;学生告状回回都对,工资不高还要交税;从早到晚比牛还累,一日三餐时间不对;一时一刻不敢离位,下班不休还要开会;迎接检查让人崩溃,天天学习不懂社会;晋升职称回回被退,抛家舍业愧对长辈;囊中羞涩见人惭愧,百姓还说我们受贿;青春年华如此狼狈,当个教师,唉——真累!】

——2006 年教师节网络 QQ 传帖①

　　这个帖子从一个侧面说明了当前小学教师的工作压力状况越来越严重,教师的心理问题和职业倦怠等问题已成为新世纪教师心理健康不可回避的事实,必须引起社会各界的积极关注和必要重视。而这一问题的产

---

① 张敏:《长春市小学教师职业压力调查及其对策研究》,东北师范大学硕士学位论文,2007 年。

生正与当前教育改革的深入开展有关,也与当前社会各界对教师的高期望有关。

一、教师职业压力现状

人们普遍认为,高中教师因为有高考压力,其工作压力应该特别大。许延礼、高峰强等人对高中教师的工作压力、心理健康及其关系进行了研究,结果表明:高中教师的工作压力感受偏高,有 54.5% 的教师感到压力较大或很大,而感到压力较小或没有压力的教师仅占总数的 11.5%。[①] 这一结果表明当前高中教师工作压力过大,应当引起全社会的高度重视,不仅要为学生减轻学习负担,也要为教师"减负"。同时,工作负荷、升学考试和社会因素是高中教师压力的主要来源,这体现了高中教师工作压力的特点:升学考试压力的持久存在。该研究结果还显示,有一半的高中教师存在着不同程度的心理健康问题,他们的心理健康水平比国内普通人群低,并且,心理健康与工作压力有显著的正相关,或者说,工作压力是影响高中教师心理健康的重要因素。而小学教师则被大多数人认为是一个工作很轻松且没有升学压力的教师群体。事实是否如此呢?

一份关于上海 13 个区 1 300 多名教师工作压力的调查报告显示,当前教师存在过重的工作压力。最令人感到意外的是,小学教师承受的压力最大,厌倦教育工作的人数最多。数据显示,初中教师和高中教师中感觉压力大的比例分别为 72.7%、77.7%,而 80.1% 的小学教师感到压力大。[②] 在实施素质教育的今天,小学也有"升学"和"分数"的压力,虽然没有正式的升学考试,但学校之间也存在着升优质初中的竞争,同时小学五年级也要接受教育质量监测;小学一年级的压力明显大于二年级和三年级,说明幼小衔接也是造成压力的原因。此外,据调查,小学教师上课节数、跨学科

---

① 许延礼,高峰强:《高中教师工作压力、心理健康及其关系的研究》,《山东理工大学学报(社会科学版)》2003 年第 5 期,第 72—76 页。
② 解放日报:《1 300 多名教师调查显示小学教师压力竟然最大》,2009 年 9 月 22 日,http://www.51test.net/show/930805.html.

教学情况和组织参与活动的次数最多,而且由于小学生年龄小,在各方面需要更多关照,无形中加重了小学教师的压力。

压力过重容易导致教师职业倦怠。司继伟等对经济发达地区小学教师职业倦怠的现状研究表明,[1]职业倦怠在小学教师中普遍存在。杨佃霞等人也对小学教师的职业倦怠进行了研究,结果与司继伟等人研究发现相一致。[2]

上述事实说明:教师工作压力普遍存在,小学教师同样属于高压力人群。国内有关调查结果显示,[3]小学教师的压力主要表现在以下几个方面:

(一)生活压力大

生活压力主要体现在教师收入偏低、住房紧张、就医困难等三个方面。如有很多教师认为自己目前的收入与周围其他行业的人员相比,存在较大差距,在差距程度上,有73.4%的教师选择了"重度"和"极度"。有82%的教师认为自己的收入与付出反差过大,其中42.5%的教师选择了"极度"。请看一个案例:

【王场小学饶老师,教龄32年,财政工资1500元,学校津贴约60元。妻子无业,两个孩子一个已成家,另一个大学就读。除去每月必须提供孩子上学的800元费用,家庭用于生活方面的开支每月仅200—300元,最近4个月中,仅在孩子五一节回家时割了一斤肉,平常只能以一两个小菜度日。】

教师生活压力的体现还表现在他们对"工资"的过度关注上,如果你常常关注教师

---

① 司继伟、王金素、王冬梅、孟丽丽:《经济发达地区小学教师职业倦怠的现状及影响因素》,《山东教育学院学报》2007年第1期,第61—63页。

② 杨佃霞、王金素、司继伟、王冬梅:《小学教师自我效能感、教学效能感与职业倦怠的关系》,《中小学教师培训》2008年第6期,第54—56页。

③ 杜道雯、何斌、周硕、彭育东、李忠权:《小学教师压力现状调查与研究》,《新课程研究》2008年总第130期,第144—146页。

的 BBS 论坛,你会发现老师们经常在一起讨论的话题往往是,你发了多少钱？最近加薪了没有？公务员的工资怎么算……三百六十行,教师是比较热衷"晒"自己工资的职业人群,其内心的生存焦虑可见一斑。

（二）工作压力大

工作量过大,这是目前小学教师面临的一个普遍问题。教师在校时间需超负荷运转,才能完成当日工作任务。

1. 课时太多,所教学科过杂。有的教师既要带一个班的主科,还要带一门甚至两门副科,周课时量达 17 节以上,有的老师还可能兼班主任,有的还担任学校的行政职务。

2. 班额过大,学生管理及作业批改增加了工作量。尽管教育主管部门已经做出了控制班额的举措,但仍有很多地区的很多学校教师任教班额过大,有相当一部分教师所任学科的班额还在 70 人左右徘徊。由于班额过大,很多班主任每天至少要用一个课时进行班级常规教育和管理,有些科任教师要将学生作业带回家里批改,无形中延长了教师的工作时间。尤其是对班主任来说,每逢期末对学生进行操行评定时,一连要加四五个夜班才能完工。

3. 备课要求高,教师缺乏相应的辅导,上课前要花很多时间搜集相关资料才能真正备好一节课。有的学科比如综合实践,为了达成新课标的相关要求,教师们每天要花 1—2 个小时来搜集资料,才能完成备课任务。

另外,学生个性的参差不齐,家庭教育不同程度的缺失也给教师的教学和管理带来了很大压力。名目繁多的各类活动更在无形中增加了教师的工作压力。

（三）心理压力大

工资绩效改革、进修学习严苛、职称评定困难,致使一部分小学教师心理压力很大。

例如某小学的余老师，教龄 20 年，仍然是小教一级；另一小学的饶老师，今年 51 岁，也还是小教一级。每年各校达到晋职条件的教师少则四五人，多则近十人，可我国大多数县市区每所小学的晋职指标都少得可怜，有的学校甚至好多年连一个指标也"摊"不上，老师们说，想要职称晋级，真是"比登天还难"。

对教师工作评价的不公或不健全，也使小学教师感到心理压力大，主要表现在素质教育与应试教育的轻重问题上，教师们无所适从。一方面，上级主管部门及学校要求教师按新课标备课、授课，各种以素质教育为名的活动要求教师必须组织学生参与，还要同年级相比较，同其他学校相竞争。另一方面，上级业务主管部门安排的抽考、调考，又将老师们送回了应试教育的老路。学生考不好，老师觉得给学校抹了黑，自己也没面子，而这又是每个教师最看重的职业荣誉。由此造成的心理压力，常常使这些教师处在焦虑、失眠、健忘的生理状态上，影响到了正常的工作和生活。

在过重的压力之下，有 72% 的教师对教师这一职业产生了不同程度的厌倦感或者说职业倦怠，27% 的教师认为自己现在只是做一天和尚撞一天钟，最多也只是尽力应付一下学校的各种检查，其他的无心顾及。

教师情绪上的厌倦与消极，将直接导致教师无"心"教书，无"情"育人，长此以往，不仅对教育事业的健康发展带来较大的负面影响，而且也对教师的身心健康产生很大影响。

二、职业压力给教师带来的负面影响

教师的职业压力过大，必然会影响教师自身的身心健康和行为表现。教师在面对压力时，机体被唤醒，垂体分泌肾上腺素，刺激其他腺体分泌激素，通过对交感神经、内分泌系统和免疫系统的影响，调动机体内的资源做出反应消除压力。[1] 一般来说，随

---

① 孟丽丽、司继伟、徐继红：《教师职业压力研究综述》，《山东教育学院学报》2006 年第 3 期，第 6—7 页。

着问题解决,压力反应消失,个体一般会恢复正常。但是如果长期持续处在压力中,就会导致教师对个体和环境的认知不协调,产生不良情绪,主要表现为莫名的焦虑、压抑、忧郁、暴躁、愤怒等,同时还会导致教师的消极行为,如易冲动、常发脾气、精力不济、暴饮暴食或食欲不振、吸烟喝酒等。这些状况持续下去,就有可能导致个体的资源耗尽,进入职业倦怠阶段,产生疾病甚至崩溃。有调查显示:教师存在心理障碍的检出率竟高达48%,其中12%有明显的心理障碍,2%较严重。要了解教师的职业压力的状况,可以通过对教师的健康状况、行为表现和生理表现(如失眠、上课期间的心率水平等)的调查,大体推测出来。

下面我们提供了一个工作压力测试量表,供各位老师大体了解一下自己的工作压力状况。

视窗 2-1

工作压力测试

本问卷共50道题,请你仔细阅读每一道题目,根据自己的工作情况和真实想法选择作答。

	总是	经常	有时	很少	从不
1. 早上起得很早。	A	B	C	D	E
2. 感到很难静坐在那里什么也不干。	A	B	C	D	E
3. 会夜不成眠地思考工作。	A	B	C	D	E
4. 不喜欢假日。	A	B	C	D	E
5. 除了学习之外,很少有其他兴趣。	A	B	C	D	E
6. 亲友抱怨你在工作上花的时间太多。	A	B	C	D	E
7. 认为自己的能力和工作成绩未被恰当地肯定。	A	B	C	D	E
8. 朋友们抱怨很少见到你。	A	B	C	D	E
9. 周末难放慢工作节奏,减轻工作负担。	A	B	C	D	E
10. 周末仍在工作。	A	B	C	D	E
11. 家人们期望你能给他们更多的爱和关心。	A	B	C	D	E
12. 边吃边工作。	A	B	C	D	E

13. 觉得上司在极力限制你的工作。	A	B	C	D	E
14. 无事可干时会坐立不安。	A	B	C	D	E
15. 即使是对充满希望的利益也缺少热情。	A	B	C	D	E
16. 夜间醒来,又继续工作。	A	B	C	D	E
17. 夜里仍在工作。	A	B	C	D	E
18. 很合群,似乎不会被什么事所烦扰。	A	B	C	D	E
19. 感觉自己很少做对事。	A	B	C	D	E
20. 在被要求做不愿做的事时不能说"不"。	A	B	C	D	E
21. 感到被强迫,被欺骗,被逼入绝境。	A	B	C	D	E
22. 所负的责任超出了你的能力。	A	B	C	D	E
23. 胃口不好,失眠,头晕眼花,心跳过速。	A	B	C	D	E
24. 不像从前那样乐观。	A	B	C	D	E
25. 即使周末早上躺在床上睡懒觉,也感到很不适应。	A	B	C	D	E
26. 喜欢看体育比赛或有趣的娱乐节目。	A	B	C	D	E
27. 难以把自己的想法告诉别人。	A	B	C	D	E
28. 在没有活动、气温不高时浑身冒汗。	A	B	C	D	E
29. 对工作中的许多事情感到一筹莫展。	A	B	C	D	E
30. 在人群中或有限的空间里惊慌不安。	A	B	C	D	E
31. 在工作中受到批评时很伤心。	A	B	C	D	E
32. 疲惫不堪,心力交瘁。	A	B	C	D	E
33. 每天完成工作后对成绩感到满意。	A	B	C	D	E
34. 没有任何生理原因就感到头晕恶心。	A	B	C	D	E
35. 觉得与同事间的冲突不能解决。	A	B	C	D	E
36. 对琐碎事情极为烦躁。	A	B	C	D	E
37. 必须完成的工作量超过了时间的允许量。	A	B	C	D	E
38. 无法放松自己。	A	B	C	D	E
39. 对工作要求有清楚的认识。	A	B	C	D	E
40. 半夜或凌晨经常惊醒。	A	B	C	D	E

41. 自己有足够时间处理私事。	A	B	C	D	E
42. 难以做决定。	A	B	C	D	E
43. 假如想和别人商量自己的事,能找到合适的对象。	A	B	C	D	E
44. 充满恐惧感。	A	B	C	D	E
45. 感觉自己正行进在人生目标的固定轨道上。	A	B	C	D	E
46. 对别人的职责无能为力。	A	B	C	D	E
47. 对工作有厌倦之感。	A	B	C	D	E
48. 不愿会见新的人,不愿尝试新的体验。	A	B	C	D	E
49. 一天到晚都想着工作。	A	B	C	D	E
50. 很难给自己的能力和工作成绩以恰当的评价。	A	B	C	D	E

计分标准:

以上各题选 A 记 4 分,选 B 记 3 分,选 C 记 2 分,选 D 记 1 分,选 E 记 0 分。其中,第 18、26、33、39、41、43、45 题反向记分,也就是 A、B、C、D、E 所对应的分数分别为 0、1、2、3、4。

解析:

(1) 90 分以下:

压力在你的生活中不是问题。你可以很好地调节自我,所以你的工作不会令你感到有压力。你对工作的态度是健康的。你可能十分喜爱自己所从事的工作,但你同时也有许多其他的兴趣,并不打算让工作占据你全部的生活。你是个懂得休息的人,从工作态度上讲,你难以在事业上取得大的成就,但你的生活会过得很充实。你适合做普通的职员、自由职业者。

(2) 91—130 分:

在工作中,你承受着中等程度的压力,这对于一个在当代快节奏的职场中终日忙碌的人来说,可能是司空见惯的事情,你可能难以承受过于繁重的工作压力,那么就有必要学会调整自己,以积极开放和顺其自然的心态适应工作中的种种变化,这样即使遇到问题解决起来也会感到容易和轻松一些。

(3) 131—170 分

工作压力对你而言已经是个问题,这显然需要你采取必要的措施来予以缓解。在这种压力下,工作时间越长,工作与生活中的困难就会越多,从而形成一种恶性循环。仔细考虑你的职业生涯,你是否只在从事现在的工作时才会有这样的压力? 如果回答是肯定的,不妨换个工作环境,也许会缓解你的压力。

(4) 171 分以上

你是个工作狂,面临的工作压力十分沉重,也许你已经不堪重负。长期处于这种状态极有可能损害你的健康和你与亲友们的关系,许多工作狂即使事业有成也无法改变这种状况。通常你需要做出极大的努力才能放慢工作节奏,容许自己休息一下。这种人往往容易在自己所从事的领域中获得极大的成功。尽管每个人对压力的承受能力不尽相同,但不论是谁,承受能力也总是有限的。因此,学会放松,学会善待自己,才是明智之举和长久之计。

[资料来源]刘晓明等编:《高校教师工作压力管理》,中国轻工业出版社 2010 年版,第 36—38 页。

第二节

问君能有几多愁
——小学教师职业压力反应

【上课铃响了,教室里还是乱作一团,张老师还没踏进教室门就已经听到了吵闹的声音。她气不打一处来,这么乱的班级怎么来上课,怎么进行教学,学生连到学校里的基本任务都忘了,这种班级还有什么好教的,先整顿整顿纪律再说。十分钟的批评让她已经心情糟透了,自己都感觉到筋疲力尽,伤精伤神,本节课的教学任务也没有来得及完成。】

上述案例是小学教师教育教学过程中经常遇到的学生调皮、不守纪律的情况,也是小学教师职业压力反应在情绪上的消极体现。消极情绪是不愉快的情绪,如敌对、悲伤、愤怒、焦虑、抑郁等。小学教师面对职业压力经常爆发出来的消极情绪主要有愤怒、抑郁、焦虑等。

一、愤怒

请看一则案例:

【有一位教师，为申报特级教师而奋斗，锲而不舍。这次特级教师评选的必要条件之一就是普通话测试必须过关。这一来他可惨了，他的年龄偏大，方言土语根深蒂固，不管怎么苦练，普通话都过不了关，而且可以断言，就是这样继续练下去，今后几年也很难过关。他痛苦极了："难道这辈子真的与特级教师无缘了吗？我真是心有不甘啊!"①】

这个例子反映的是教师中最普遍、最一般的一种消极情绪，即痛苦，而持久的痛苦有可能转化为愤怒。愤怒是个体在遭遇攻击、威胁、羞辱等强烈刺激下，感到事物不符合自己的需要，或愿望受压抑、行动受挫折、尊严受伤害时，所表现出的极端的情绪反应。它是与挫折和威胁作斗争关联密切的情绪反应。愤怒的产生是由于有目的的活动受到阻碍甚至挫折，自尊心受到伤害，个体在压抑到极点而不能忍受时，为排除这种阻碍和恢复自尊而爆发的反应。本节的第一个例子便是教师愤怒的例子。工作中有很多情况让教师感到愤怒，如发现学生没有交作业、上课时讲话、顶撞老师、与同学打架斗殴、恶作剧、领导不正确的评价等。

面对愤怒，教师会以不同的方式表达，有的人会将怒气压抑在心中，因为久久不能释怀，时间长了人就会变得越来越冷漠。有的喜欢用言谈举止表达自己的愤怒，但这种怒火如果指向同事，就可能引起同事之间的人际冲突；如果指向学生，就会影响师生关系，影响教育教学质量的提高。②

二、抑郁

抑郁的人对什么都不感兴趣，总觉得自己事事不如别人，天天闷闷不乐，看不到生活的希望，总是满面愁容，紧皱眉头。

---

① 转引自李虹：《教师工作压力管理》，中国轻工业出版社 2009 年版，第 43 页。
② 转引自刘晓明等编：《高校教师工作压力管理》，中国轻工业出版社 2010 年版，第 64 页。

先看一个教师的个人体会：①

【我甩门而出，回到空无一人的办公室趴在桌上哭起来。想到这个班有那么多的差生，还有一个智力落后儿童和一个聋哑儿童，自己一年多来辛勤付出，孩子们的成绩却毫无起色，想到自己还要把他们带到毕业，想到学校让我接了这个全校闻名的差班，我哭得更伤心了，我觉得生活没有希望了，上班简直就是受折磨。接下去的日子可想而知，每次上课前勉强挤出一点笑容，走出教室就有一种发自内心的厌恶。看到那些教育了又教育，但却仍然屡教不改的学生，怒火在心中燃烧，可又不能对学生发火，于是只能拼命地压抑自己，导致心情越发沉重。我整天思考：当教师有什么意思呢？待遇不好，工作环境又这么差，本想通过学生出色的成长证实自己的价值，可如今接了这个班，还有什么希望呢？是不是我的教学能力不行？是不是领导看我不顺眼？我真的适合当老师吗？抑郁情绪遍布了我的全身，所有积极的正向情感通路均被这个差班堵塞了。我只有在自己这种所谓思索的泥沼中越陷越深。】

抑郁像"普通感冒"一样，很多人都经历过。人生不如意事十之八九，教师在工作中经历挫折可能会产生抑郁情绪，短期内的抑郁状态不会有太大的影响，但如果抑郁长期存在，可能会转化为一种抑郁症，我们要想办法调节自己的情绪，正确对待生活中的挫折，防止抑郁的产生。在这里特地为教师们提供了一份《抑郁状态自我测查》，如果您的抑郁程度偏高，那就真的需要特别重视自己的情绪反应了，如果再不及时调整，可能会引发更为严重的后果，赶紧试试看吧。

视窗 2-2

抑郁状态自我测查

以下量表评定的是你在过去一周之内情绪方面的感受，请根据自己的实际感受对下列描述

---

① 转引自姚立新：《教师压力管理》，浙江大学出版社 2005 年版，第 183 页。

进行回答:

（A. 很少有　B. 有时有　C. 大部分时间有　D. 绝大多数时间有）

1. 我觉得闷闷不乐,情绪低沉

2. 我觉得一天之中早晨最好

3. 我一阵阵哭出来或觉得想哭

4. 我晚上睡眠不好

5. 我吃得像平常一样多

6. 我与异性接触时和以往一样感到愉快

7. 我发觉我的体重下降

8. 我有便秘的苦恼

9. 我心跳比平时快

10. 我无缘无故地感到疲劳

11. 我的头脑跟平常一样清醒

12. 我觉得经常做的事情并没有困难

13. 我觉得不安而平静不下来

14. 我对将来抱有希望

15. 我比平常容易生气、激动

16. 我觉得自己做出决定是容易的

17. 我觉得自己是个有用的人,有人需要我

18. 我的生活过得很有意思

19. 我认为如果我死了别人会生活得好些

20. 平常感兴趣的事,现在我仍然感兴趣

评分标准

根据下面的标准进行评分。

题目编号	A	B	C	D	题目编号	A	B	C	D
1	1	2	3	4	11	4	3	2	1
2	4	3	2	1	12	4	3	2	1

3	1	2	3	4	13	1	2	3	4
4	1	2	3	4	14	4	3	2	1
5	4	3	2	1	15	1	2	3	4
6	4	3	2	1	16	4	3	2	1
7	1	2	3	4	17	4	3	2	1
8	1	2	3	4	18	4	3	2	1
9	1	2	3	4	19	1	2	3	4
10	1	2	3	4	20	4	3	2	1

总分高于 40 分表明具有抑郁倾向。分数越高,说明抑郁倾向越明显。

[资料来源]刘晓明等编:《高校教师工作压力管理》,中国轻工业出版社 2010 年版,第 63 页。

三、焦虑

工作压力下,教师最常见的情绪之一就是焦虑。焦虑的人常有紧张、害怕、担忧、烦躁的感受,常处在心绪不宁的状态,表现为坐立不安、注意力无法集中,甚至在生理上表现为出冷汗、胸闷、尿急、尿频等,或者为一点小事就大发脾气。

在小学教师工作的过程中,有很多情况会引起焦虑情绪,例如教学检查在即,教师会担忧检查通不过;职称评定受挫时,教师会担忧职称评比败北,别人会因此认为自己能力不够。伴随着种种不祥的预感,教师的情绪和身体就会出现焦虑的迹象。调查显示,[①]引发小学教师焦虑的主要问题是:①自己的工作没有得到领导的肯定;②社会、家长对小学教师不够重视,却对教师的期望值越来越高,并且家长、学校以升学率论英雄,从而使小学教师不堪重负;③担心今后的竞聘上岗,表现为信心不足;④工资、晋升机会少……

---

① 杨艺:《县城普通小学教师焦虑心理探析》,《广西教育学院学报》,2004 年增刊 1 期,第 202—203、213 页。

教师一旦焦虑就会在工作中有所表现。有的表现为情绪烦躁不安,心情抑郁;有的表现为对工作失去信心,工作态度冷漠,易于发怒;还有的表现为行为怪异,工作没有头绪,效率低,甚至出现体罚学生的现象。以下是一份焦虑自我测量的量表,建议广大教师经常自我测定一下,以调整自己的情绪反应,正确面对职业压力。

视窗 2-3

你是否焦虑

以下量表评定的是你在过去一周之内情绪方面的感受。请你根据自己的实际感受对下列描述进行回答:

A. 很少有   B. 有时有   C. 大部分时间有   D. 绝大多数时间有

1. 我觉得自己比平常容易紧张和着急

2. 我无缘无故地感到害怕

3. 我容易心里烦乱或觉得惊恐

4. 我觉得自己可能要发疯

5. 我觉得一切都好,也不会发生什么不幸

6. 我的手脚发抖、打颤

7. 我因为头痛、颈痛、背痛而苦恼

8. 我感觉自己容易衰弱和疲乏

9. 我感到心平气和,并且容易安静地坐着

10. 我觉得心跳很快

11. 我因为一阵阵头晕而苦恼

12. 我有时头晕发作,或觉得像要晕倒似的

13. 我吸气、呼气感到很容易

14. 我的手脚麻木并有刺痛感

15. 我因为胃痛和消化不良而苦恼

16. 我常常要小便

17. 我的手脚是干燥和温暖的

18. 我的脸经常发热

19. 我容易入睡,并且一夜睡得很香

20. 我做噩梦

评分标准

根据下面的标准进行评分。

题目编号	A	B	C	D	题目编号	A	B	C	D
1	1	2	3	4	11	1	2	3	4
2	1	2	3	4	12	1	2	3	4
3	1	2	3	4	13	4	3	2	1
4	1	2	3	4	14	1	2	3	4
5	4	3	2	1	15	1	2	3	4
6	1	2	3	4	16	1	2	3	4
7	1	2	3	4	17	4	3	2	1
8	1	2	3	4	18	1	2	3	4
9	4	3	2	1	19	4	3	2	1
10	1	2	3	4	20	1	2	3	4

总分高于40分,表明具有焦虑倾向。分数越高,说明焦虑倾向越明显。

[资料来源]李虹:《教师工作压力管理》,中国轻工业出版社2009年版,第47—48页。

第三节

都是压力惹的祸
——小学教师的职业倦怠

【张老师当小学教师 15 年了，最近几个月来不知道为什么，本来最爱和学生们待在一起的她，总是有意无意地避免与学生们近距离接触，学生们凑在一起说话，她听见就心情烦躁，总想躲得远远的。在办公室，原本爱说爱笑的她，也不愿主动和同事聊天了，每天只是坐在自己的办公桌前，希望谁都不要来打扰自己……】①

上述例子是教师职业发展历程中所面临的职业倦怠问题。由于小学教师教育工作的长期性、复杂性、重复性和艰巨性的特点，长期的工作压力和挫折，难免使教师产生疲倦、压抑、不满、失落等不良情绪，致使工作热情丧失、教育效率低下等。

一、今天，你倦怠了吗

职业倦怠是个体在长期的工作压力下逐渐形成的、

---

① 《直面教师心理枯竭》，http://lsjs2008.blog.163.com/blog/static/79406165200882543929647/.

以身心极度疲惫为标志的一种综合症。教师职业倦怠，是教师不能顺利应对工作压力时的一种极端反应，是教师在长期压力体验下所产生的情绪、态度和兴趣的丧失以及情感的疏离和冷漠。[①] 它主要表现在以下三个方面：[②]（1）情绪衰竭（emotional exhaustion），这是倦怠的个体压力维度，是教师职业倦怠的核心成分，指教师个人工作热情的耗尽，表现为厌倦、易怒和热情衰退，是一种情绪情感极度疲劳的状态；（2）去人性化（depersonalization），又被称为非人性化和人格解体，这是倦怠的人际关系维度，指教师对学生表现出冷漠、消极的行为，对学生持否定态度，尽可能疏远学生等；（3）个人成就感降低（diminished personal accomplishment），这是倦怠的自我评价维度，指教师对自己的工作不满意，表现为发现自己的努力未能给学生带来任何变化，自己的付出未得到应有的回报和承认，因而降低工作中的效能感，强化对自己消极评价的倾向。

而随着当前教育改革的深入，教师职业倦怠又有了新的特征：[③]

其一，教师职业倦怠的人数在增加。教育变革涉及到每个教师的切身利益，对于教师来说，伴随每一次教育改革的是更多压力和焦虑，而压力和焦虑是形成职业倦怠的重要因素，所以说，教师群体产生职业倦怠的人数在增加。

其二，女性教师职业倦怠人数在增多。相对于男性教师来说，女性教师更有韧劲，更善于社交，更会调整自己的心态，因而不容易产生职业倦怠，但教育变革所带来的前所未有的职业危机和生存挑战，也使女性教师职业倦怠的数量在增多。

其三，教师职业倦怠的类型在变化。一般来说，个性较强、喜欢表现、希望尽快取得成功、事事追求完美的教师由于挫折而容易职业倦怠。在教育变革中，由于改革涉及到每位教师的教育理念、教育行为和教育评价的变化与冲突，因而比较沉稳的教师所面临的压力和焦虑也在递增，也开始出现职业倦怠。

其四，不同发展阶段的教师职业倦怠在增加。有关研究表明：教龄在 15—20 年左

---

① 李虹：《教师工作压力管理》，中国轻工业出版社 2009 年版，第 52 页。
② 王金素：《中小学教师自我价值感、应对方式与职业倦怠的关系》，山东师范大学硕士学位论文，2008 年。
③ 肖庆华：《变革中的教师职业倦怠及其对策》，《当代教育科学》，2008 年第 5 期，37—39 页。

右的、处于生涯转折阶段的教师更容易职业倦怠。但在教育改革中,由于压力的增加,处于不同发展阶段的教师的职业倦怠感都在不同程度地增加,特别是刚毕业参加工作的教师,由于教育改革压力所造成的工作中挫折和理想的幻灭,容易对自己的职业选择产生怀疑或遗憾而出现职业倦怠。

其五,教师职业倦怠的强度在加重。在教育改革中,教师的职业倦怠从烦躁、担忧与挫折逐渐蔓延到玩世不恭、无效能、脾气起伏不定、自尊降低以及在工作和人际交往中热情褪去等症状。教师的职业倦怠程度比教育改革前明显严重了许多。

二、职业压力与教师职业倦怠

教师职业压力是导致教师产生职业倦怠的最直接原因。教师职业压力越大,职业倦怠的程度就越严重。大量研究结果都证明了这一结论。例如李琼、王松丽和张艳考察了中小学教师工作压力与职业倦怠之间的关系,[1]结果表明:工作特征、学生学业、社会因素、专业发展压力对职业倦怠中所有维度均有一定的预测作用。在当前,新一轮的教育教学改革对小学教师提出了全新的要求;而小学教师面对的是需要不断教育和引导的小学生,他们的智力发展水平与生活学习习惯参差不齐;学校管理中各项评比、检查过多;工作负荷重及每天近 10 个小时的工作量;职业发展进修机会的失衡及新教师缺乏教学经验;再加上小学教师完美主义倾向等个性特点以及来自家庭和社会方方面面的压力,这些都有可能导致教师身心疲惫,教学热情减退,并以消极的、漠不关心的态度和情感去对待自己身边的人,进而有可能表现出职业倦怠。

在教师、医生、护士等助人行业中,因工作时间长、工作负荷大、工作卷入程度高,如果长期处于意识不到的慢性压力下,又没有相应的缓冲资源和社会支持系统,就会使这些人特别是教师产生职业倦怠。教师一旦出现职业倦怠后,常常感到工作没意

---

① 李琼、王松丽、张艳:《教师工作压力对职业倦怠的影响:一个路径分析》,《教育学报》,2009 年第 5 期,第78—82 页。

义、没价值，工作目标渺茫，对教育教学工作失去应有的兴趣，日感焦虑与烦恼，有无助感，缺乏自信和进取心，工作中易躲避困难，敷衍工作，被动应付。集中表现为：对学校的事情漠不关心，凡事"事不关己，高高挂起"；做一天和尚撞一天钟——上班即来，下班即走，上课铃响才进教室，下课铃响出课堂；对教学业务疲于应付，积极主动性丧失等等。这些表现已经对教师的身心健康、教学质量及教师队伍的稳定构成了巨大威胁，对教师教学与学生发展造成了直接的负面影响。

三、小学教师职业倦怠的差异表现

小学教师职业倦怠表现为：上课前不好好备课，随心所欲，对教学工作敷衍；对学生也不好好管理，不关心学生，要么乱发脾气，要么放任自流等；在教育教学中遇到问题就把责任推给家长、推给学校、推给学生，唯独没有自己的责任。由于小学教师性别、教龄、职务、学历等的不同，因此，他们所感受到的压力也是有差异的。

编者曾对经济发达地区小学教师的职业倦怠现状及影响因素进行了研究，[①]结果显示：

（一）小学教师的职业倦怠存在明显教龄差异

教龄在 11—15 年的教师，一般处于三十而立的年龄，大部分是学校的教学骨干，事业正处于上升阶段，同时家庭中上有老下有小，重重压力使他们的职业倦怠较为严重。教龄在 11 年以上的小学教师相对于教龄在 5 年以下的小学教师具有较高的成就感。这可能与以下因素有关：刚刚参加工作的教师既年轻，工作热情又高，可以与学生顺利沟通，不容易产生挫败感，职业倦怠状况不严重；而工作 11 年以上的老教师，教学

---

① 司继伟、王金素、王冬梅、孟丽丽：《经济发达地区小学教师职业倦怠的现状及影响因素》，《山东教育学院学报》，2007 年第 1 期，第 61—63 页。

经验丰富,教学效能感较高,自己的学生有很多已步入高校或者就业,桃李满天下,他们具有较高的成就感,从而不容易产生职业倦怠。

（二）班主任教师与非班主任教师的职业倦怠状况有明显不同

班主任的职业倦怠比不担任班主任的小学教师严重得多。小学班主任教师除了和其他科任教师一样要完成基本的教学任务,还要肩负管理学生、教育学生成人成才的重任。尤其是小学低年级的学生纪律意识差,安全意识淡薄,班主任教师要时时叮嘱学生遵守纪律,在校、在家及上学路上要注意安全等。而毕业班的班主任教师则有教学成绩的压力。有些班主任还会在工作之余进行家访,利用节假日开家长会等,这些不仅占用了班主任教师的很多时间,而且无形中加重了班主任教师的压力,使他们更容易产生职业倦怠。

（三）不同学历教师的职业倦怠状况有明显区别

调查结果显示,大专学历和本科以上学历教师的职业倦怠程度显著高于中专学历的教师。学历高的教师在学校中一般比较受重视,担任主要的教学任务或比较重要的职务,别人对他的期望或自我期待、自我定位都会较高,压力较大,因此相对于中专学历的教师来讲,大专学历及本科以上学历的教师更容易产生职业倦怠。

（四）不同任课数目教师的职业倦怠状况呈现显著差异

周课时量在 16 节以上的教师职业倦怠程度明显高于任课在 15 节以下的教师。一个教师一星期要上 16 甚至 20 节以上的课,这就意味着每天要上四节,甚至五六节课,同时还要备课、批改作业等,在这种工作状态下,教师会时刻面临紧张的作息和强大的压力,职业倦怠的程度自然也会偏高。

第三章

泪流不止的红蜡烛
——小学教师职业压力的成因

　　长期以来,教师的身心健康没有受到人们足够的重视。人们常常把教师比作红烛,照亮了别人,却燃烧了自己。与其他职业相比,小学教师面临着来自多方面的压力。教师的教学对象是活生生的、具有不同生活背景和复杂心理活动的、正在成长中的生命体。教师对学生的影响是间接的,必须经过学生的内化才能见效,教育的成效还受家庭、社会等多重因素的影响,而这些又很难为教师所控制。今天,人们往往把教育学生的责任都归于教师,诸如"没有学不会的学生,只有不会教的老师"等。而时代的发展对人的素质要求越来越高,对教育质量的要求越来越高,对教师的要求也在逐渐提升。

　　我国学者已从不同角度对教师职业压力的影响因素进行了论述。姚立新认为影响因素包括工作量、升学压力、经济状况、领导评价、职称评定。[1] 朱从书、申继亮等的研究表明我国中小学教师职业压力源主要表现在学生因素、工作负荷、考试压力、自我发展需要、职业期望和家庭人际关系等6个方面。[2] 徐富明认为教师的工作压力源有考试、工作负担、职业声望、聘任、家长学生、角色职责、人际关系、专业发展、其他。[3]

---

[1] 姚立新:《教师压力管理》,浙江大学出版社2005年版,第45—64页。
[2] 朱从书、申继亮、刘加霞:《中小学教师职业压力源研究》,《现代中小学教育》,2002年第3期,第50—54页。
[3] 徐富明:《中小学教师的工作压力现状及其与职业倦怠的关系》,《中国临床心理学杂志》,2003年第3期,第195—197页。

吴迎春、郑琳琳调查显示,目前小学教师工作压力七大影响源分别为:工作强度大造成的压力、教学与管理方面的压力、经济负担、工资与社会地位及影响的压力、教师的职业成就感压力、学校方面的压力、生活琐事方面的压力。①

总之,影响教师职业压力的因素可分为内部因素和外部因素。外部因素即压力源,内部因素是指教师自身因素。综合来说,目前小学教师的职业压力主要来自于三个方面:②

第一,来自社会的压力。随着社会的迅速发展,社会经济结构的变化以及教育改革的实施,教师这一职业也改变了过去的单一性而呈现出明显的多样化特征。教师工作的社会化要求教师获得更多的信息,提高自身素质。教师不仅要教授知识,还要引导学生人格的形成与发展。同时,人们对教师的期望越来越高,而小学教师的经济负担也越来越重,以及家长对教师的要求也越来越高,这些都给教师带来很大的压力。

第二,来自学校的压力。教师绝大部分的工作在学校进行。学校作为教师的具体工作环境,它的氛围对教师的影响很大。沉重的工作负荷、学校不合理的管理制度及末位淘汰制等给小学教师带来压力。

第三,来自教师自身的压力。如个性、认知过程、自我效能感等。

下面从这三个方面具体分析小学教师职业压力产生的原因。

---

① 吴迎春、郑琳琳:《对小学教师压力影响源的研究》,《辽宁教育行政学院学报》,2005 年第 1 期,第 70—71 页。
② 孟丽丽、司继伟、徐继红:《教师职业压力研究综述》,《山东教育学院学报》,2006 年第 3 期,6—8 页。

第一节

光环背后的辛酸
——小学教师压力的社会成因

【小时候，我以为你很神秘，让所有的难题都变成了乐趣；长大后，我就成了你，才知道，这支粉笔画出的是彩虹，洒下的是泪滴。小时候，我以为你很有力，你总是把我们高高举起；长大后，我就成了你，才知道，这讲台举起的是别人，奉献的是自己。】

每次听到这首《长大后我就成了你》，心中总感慨万千。从古到今，曾经多少人用优美的文字赞美过教师，在社会公众眼里，教师一直是集智慧与真善美于一身的典范。教师职业也被人们称作是太阳底下最光辉的职业。可教师们心中却有一种说不出的酸楚，沉甸甸的责任，过高的社会期望与较差的地位和待遇形成强烈的反差。而近几年来新课程改革和人事制度改革更让他们感受到前所未有的压力。

一、社会对小学教师的期望过高

人们对待教师，常以神的标准来衡量。神，可以不食人间烟火,可以一心为民。神的精神是高高在上、纯洁高尚的。神,有着崇高的精神境界。社会就要求教师必须有崇高的精神境界。教师是蜡烛,必须蜡炬成灰泪始干;教师是春蚕,必须春蚕到死丝方尽;教师是孺子牛,只能吃草,而挤出来的一定是奶。教师,当被冠以"太阳底下最光辉的职业"时,他们只能是默默无闻、淡泊名利、任劳任怨、无私奉献,像神一样,不吃不喝,一心为了学生。如果做不到这些,教师,就会受到无端的指责。①

由于教师承担着塑造人类灵魂、传承社会历史文化的重任,再加上我国向来对教师在学识、德行方面有很高的要求,人们往往把教师这个职业神圣化。长期以来,"人类灵魂的工程师"的角色定位使教师被赋予了太多的使命和责任,承担着多重角色——知识的传授者、集体的领导者、模范的公民、纪律的维护者和家长的代理人等。将小学教师看成纪律的维护者,就希望他们严明公正;将小学教师看作家长的代理人,则要求他们工作耐心细致,对学生关心体贴;将小学教师看作知识的传授者,就要求他们知识要博大精深,无所不知,要有广博的基础文化知识、精深的专业知识和扎实的教育科学知识。② 社会的这种思维定势,理所当然地忽视了小学教师作为一个普通人的常态。这样小学教师就会受到各种相互冲突的角色期望的冲击,被夹在升学率与"减负"之间、应试教育体制与素质教育探索之间、社会和媒体的关注之间,这些角色期望也与教师自我价值观产生对立和冲突。同时,人们通常还认为教师要有特定的形象,要为学生树立好的榜样。"为人师表"是对教师的基本要求。正是这种期望,使教师面对学生时,要迫使自己严格自律,以榜样的姿态、行为的楷模示人;要时刻注重自己在学生心目中的良好形象,甚至是刻意限制自己的各种形象细节;要在学生面前极力保持平静、耐心、积极、乐观的面貌;不能随意表达自己的思想,有时甚至要压抑自己正常的需要和行为,要具有较强的自我调控能力。③ 可是教师不是神,他们本质上都是普

---

① 张敏:《长春市小学教师职业压力调查及其对策研究》,东北师范大学硕士学位论文,2007 年。
② 唐应创、谭贤政:《中小学教师压力产生的原因探析》,《桂林师范高等专科学校学报》,2005 年第 4 期,第 154—158 页。
③ 李孝川:《教育改革背景下教师压力的原因分析和缓解策略》,华南师范大学硕士研究生学位论文,2006 年。

通的社会人,有着普通人的喜怒哀乐和各种需要,而且这种高度的自我调控能力也是一般人难以具备的。形象的期望成为教师的压力来源之一。

过多、过高的期望,成为压在教师肩上的担子,使教师不堪重负。下面这个调查数据更能反映该问题。据《江南晚报》2006年3月28日报道,无锡市对锡山区几所小学的200多名教师进行了调查。[①] 结果发现,教师们普遍认为孩子越来越难教,压力越来越大,其中近半的教师感到较难适应教学改革,超过一半的教师认为家长不配合学校教育的问题比较严重。据了解,参与本次调查的教师年龄一半在30岁左右,其余基本在40岁以下,且女教师占了大部分。问卷涉及到教育制度、社会期望、学生情况及社会期待等几个方面。在教育制度方面,约48%的教师认为教育改革无从做起。另有47%的教师认为统一教材、进度和命题使教学没有灵活性,大部分教师觉得这已长期影响到自己的教学。在学生学习状态和人际关系方面,学生学习意愿低落、家长不配合学校教育学生已成为过半数小学教师的一大困扰,且该问题在大部分教师中存在已有一年以上。在社会期望上,许多教师也感到社会对他们期望越来越高,61%的教师对社会、学校和家长只以升学率来评价教师的做法很有意见。尤为引人注意的是,有79%的小学教师表示他们的工作比较繁忙,身心很疲惫。

不难看出,随着教育改革的深入推进,教改要求教师的教学方法不断改进,教学手段不断完善,加上现在的学生接受信息能力增强、心理承受能力弱,学生、学校和家长对教师素质的期望值也正逐步提高,不少教师面临着各方面的压力,有些教师已力不从心。

二、小学教师的工资待遇偏低

随着社会经济的发展,教师的实际工资也在逐步增长,待遇有了较大改善,然而这

---

① 《教改难适应社会期望高八成小学教师感身心俱惫》,《江南晚报》,2006年3月28日,http://www.sina.com.cn.

只是纵向上的比较,如果进行横向比较,教师工资还是处于较低水平。与其他职业相比,教师职业的社会认可程度与社会回报并不很高,教师的实际收入仍然低于他们的劳动付出。比如长春市小学教师的基本工资是569元/月,加上学校的福利待遇和课时费等,普通学校教师平均每月的工资待遇大约是1300—1500元,市重点和区重点的教师平均工资待遇大约是1500—1800元,省重点教师的平均工资待遇大约是1800—2000元。与初高中教师相比,小学教师的工资待遇偏低。该市教师的工资基本上与公务员的工资持平,不过,算上各种福利待遇,长春市公务员的工资每月平均可达到2500—2800元,远远超过小学教师的工资。尤其近几年来物价和房价不断上涨,对这些教师群体来说,低工资带给他们的压力更大了。①

【某师范大学毕业的小学教师B是一位年轻男老师,现年30岁,他是这样说的:"现在当老师虽然比以前富裕多了,工资长了,可是总觉得每月没看见钱,钱就没了。2003年为了结婚我买了一套80多平米的房子,因为我和我爱人家里都不富裕,所以是以贷款的形式买的,贷款16万多一点,每月还贷1000多,我每月的进账是1600多元,去掉还贷的钱,我只能靠我老婆的那点钱维持生活。这不,去年由于人民币升值,每月还贷又增加了近100元。说实在的,我感觉自己挣那么点钱特没面子,尤其是男老师,我也想多赚点钱。可是,当小学老师一天10多个小时被绑得死死的,晚上还要批改作业,想要赚钱都没时间和精力,更别说咱也没那地方!"】

收入是一个与工作积极性密切相关的因素。谁都希望努力工作的回报是一份令自己满意的收入,这是提高工作积极性,减缓工作压力的有效方法之一。

教师的职业特点决定了教师在工作中需要投入很大的精力和情感,希望自己的投入能得到相应的回报也是教师必然的想法,如果付出无法得到及时有效的反馈,教师职业的幸福感和使命感也就无从谈起。同时,教师们为了提升自我或"过关"、"拿证",

---

① 张敏:《长春市小学教师职业压力调查及其对策研究》,东北师范大学硕士学位论文,2007年。

又不得不拿出相当一部分收入,如教师评职称的基本要素包括普通话、英语、计算机和继续教育等,想"过关"、"拿证",个人就必须交资料费、培训费(虽然很大部分是走过场)及评审费等。这样一来,超负荷的劳动付出、劳动创造出来的巨大的潜在价值、对社会发展所起的巨大推动作用与教师微薄的工资收入形成了强烈的反差,本来就不高的工资收入与诸多的克扣、额外的花销之间的矛盾,给教师带来了压力。[①]

三、来自家长的压力

(一)家长干预教师的教学自主权

近年来,随着教育服务观念的树立,以及小学生生源的减少,作为教育消费者的家长,对孩子的教育具有越来越大的控制权和选择权。家长权力的增加,不但会对学校管理事务产生影响,也在一定程度上影响着教师的教学自主权。家长经常要求教师该怎么做,有时还干预教师的教学和决定,甚至还质疑教师的做法,从而削弱了教师的教学自主权。

比如关于作业布置的问题。这与"减负"问题密切相关,"减负"从一开始,就没有制定合理的标准,而仅仅将学生书包的重量和作业数量的多少视为衡量学生负担轻重与否的标准。有的小学甚至规定"不准学生带书包回家"。实际上,这种标准操作起来尽管简单却并不合理。因此,在没有合理标准作为指导的情形下,家长对于"减负"的认识,更难以达成一致。正如某老师所说的:"我们就是空箱里的一只老鼠,什么都压着我们,可怜得很。一会儿,有的家长说,老师,你布置的作业太多了;一会儿又有家长说,老师,你布置的作业太少了,孩子将来怎么升学呢,怎么面对社会竞争呢。有时候老师想多布置点,家长又振振有词地说,怎么这么多作业呀,不是减负吗?面对诸如此

---

① 严桦、王一喜:《对缓解教师压力的几点建议》,《江西金融职工大学学报》,2006 年第 2 期,第 109—110 页。

类的反应,教师根本不知道该往哪边走。唉,反正我们做老师的,什么事情都不能做主。"教师所说的"做主",指的就是教师的教学自主权。它是指教师作为专业人员,享有独立自主开展教学工作的权力。具体包括,教师有权选择教育方式方法,有权制定教育教学计划,有权开展教育教学实验和改革,有权自主评价学生等。如果教师享有的自主权较充分,那么对教学的控制力就较强。如果教师的自主权受到干预,教师就会觉得无能为力,从而感到压力。大部分小学教师,在无法享受基本教学自主权的情况下,自然会感受到较大的压力。①

(二)家长将教育责任完全推卸到教师身上

很多家长把孩子的成长发展完全归于教师的责任。如果孩子的成绩差,他们不是与教师沟通,共同想办法解决问题,而是从教师身上找原因。有的家长直接将情况报告给校长,要求校长更换任课教师或者要求给孩子调班。校长出于遏制事态进一步恶化的考虑,往往尽量满足家长的要求。出现类似的情况,既让当事教师心理受到伤害,产生焦虑与压力,也给其他教师带来了极大的压力。

(三)家长对老师过多地指责与投诉

为人师表的小学教师,往往具有较强的自尊需要。家长的尊重,不仅是对教师工作和付出的肯定,也给孩子树立了尊师重教的榜样。如果家长不从言谈举止中尊重老师,那么他们的孩子也很难从心底里尊重老师。

不少教师认为,家长对教师的批评和指责越来越多。特别是家长发现教师采用了他们认为不合理的问题处理方式时,尤其如此。有的家长溺爱孩子,只要孩子在学校

---

① 蔡金花:《广州市天河区小学教师职业压力的来源及其管理策略研究》,华南师范大学硕士学位论文,2005 年。

受到一点点委屈,就到学校去找老师的麻烦。有的家长,不问青红皂白,将责任全部推给教师一方,无端指责老师,甚至有少数家长,通过校长或者利用媒体、借助舆论来牵制教师。因此,不少教师很担心家长对他们、对学校进行投诉。家长投诉他们,一般情况下,事先并不与班主任沟通,而是直接向校长投诉,或者直接向教育局投诉。在这样的情况下,被投诉教师,不论其行为是对还是错,都不可避免地受到或轻或重的批评。如果家长对学校的处理意见不满意,他们有可能去告学校,请记者来进行报道。因此,一旦发生家长投诉的事情,教师和校长都不得不放下手头的工作,立即着手处理家长的投诉。有时,还不得不委曲求全,因为这关系到学校的声誉问题。如此这般,教师们只能小心谨慎地处理学生的一些事情,因而承受着心理和生理的双重压力。

第二节

孙悟空的紧箍咒
——小学教师压力的学校成因

看过《西游记》的人都知道孙悟空这个大师兄,他本领超群、能力无限却受制于紧箍咒,从此倍感压力,行事谨慎了许多。作为小学教师,又何尝不是被套了一道又一道的紧箍咒呢?

【在很多人眼里,当个小学教师实在太轻松容易了,没有中学老师升学考试之忧,也没有大学老师学术研究之扰,仅仅依靠自己的那点所学就能把孩子教好,工资待遇也与其他教师不相上下,小学教师没有什么压力。可我在小学的教龄已有8年了,说起这8年,最大的感受就是忙,忙得没有睡觉的时间,忙得没有和家人交流沟通、娱乐休闲的时间。我每周上十七八节课,尤其还要当班主任,管理学生。这一周下来,甭提有多累了。每天早上我基本上是6点起床,7点半到校,进班就要看自习,8点钟正式上课,第一、二节通常是语数课,别的老师上课时我就在办公室里批作业或是批作文,反正是一刻都闲不着。第二节下课有眼保健操,班主任教师也必须看班,第三节课下课是课间操,教师也必须跟班,好不容易等到中午了,班主任也要在教室看班。下午没课的时候又回到办公室批作业、改作文,放学后还要备课、批作业、处理一些家长来电。如果赶上学校有什么活动,那就更忙了,每天能睡上六七个小时都感到奢侈。】①

以上是某小学三年级的一位班主任的感言,同时也反映了小学教师工作量过大的现状:"一天到晚奔忙,两头不见太阳;出门披着星星,归来头顶月亮;难顾家中儿女,忘了远方爹娘;一心记挂弟子,恨铁不能成钢;病痛不敢声张,有事坚持在岗;不计收入报酬,师德奉献为上!"这样形容小学教师的工作现状,丝毫不为过。下面从学校层面具体分析小学教师压力产生的原因。

一、工作负荷过重

教师的工作负荷主要体现在数量和质量两个方面:②工作数量负担过重是指要求太多而时间太少;工作质量负担过重与工作的复杂度和个人期望及社会期望有关。感到工作难以圆满地完成,工作负荷过重通常被教师认为是一个主要的压力源,其中比较重要的因素包括过多的班级人数、频繁的测验与太多的文书工作、过高的社会期望等。

据调查,我国中小学教师人均日劳动时间为 9.67 小时,比其他岗位的一般职工高出 1.67 小时,睡眠时间少 1 小时,娱乐时间少 0.5 小时左右,积累起来,年超额劳动时间为 420 小时。③ 长时间超负荷运转,使得中小学教师疲惫不堪,身心疾病增加,心理压力沉重。

---

① 张敏:《长春市小学教师职业压力调查及其对策研究》,东北师范大学硕士学位论文,2007 年。
② 韩磊、姜能志、高峰强:《应对效能、工作压力与教师职业枯竭的关系》,《心理与行为研究》,2007 年第 5 期,第 47—52 页。
③ 唐应创、谭贤政:《中小学教师压力产生的原因探析》,《桂林师范高等专科学校学报》,2005 年第 4 期,第 154—158 页。

2008年，山东省对城乡小学教师生存状况的调查表明：[①]每天工作、学习在10小时以上（含10小时）的教师达96％，每天工作、学习在8小时以内的教师只有2.1％，且城乡小学没有明显差别，这说明小学教师的工作量普遍较重。教师们感到最大的困难是工作负担太重，选择此项的人数达到56.6％，其中城市学校达62.3％；排位第二的困难是缺少进修机会，选择此项的人数达41.5％。教师的身心健康也存在一定问题，"本人身体不好"的达20.5％，"工作心情不舒畅"的达18.6％。城乡教师对"教学工作中存在的主要问题"的看法基本一致，他们认为最主要的问题是"班额过大，很难照顾到每一名学生"，其次是"教师工作负担过重"。选择此两项的人数分别占61.7％和44.9％。农村小学教师认为"教学观念、方法、手段还不适应素质教育要求"、"考试压力大"的人数比例也较高，分别为30.2％和28.1％。

能在正常工作时间之内完成作业批改任务的老师很少，尤其是担任主要科目教学的老师，一般都要利用下班休息时间来完成作业批改工作。很多教师在本来就十分繁重的教学任务之外，还要承担学生课外学习辅导、日常教养和学生监护人的责任，这又增加了教师的实际工作量和劳动强度。所以，教师实际的工作量，远远超过规定的、名义上的工作量。

正如一位小学班主任所言：[②]

【我觉得我们的工作压力很大。我任四年级数学、五年级的语文课教学，担任五年级班主任，我每天的工作量如下：80本作业/天（数学20本，语文，包括生字、写字、语文练习、日记共60本），15本周记/周，12个教案/周，15本作文/两周，12节正课/周，6节早读/周，8节自习/周，作为班主任，教学工作量不减，其他事务又多，而且别的科目的老师临时有事，还得去顶着。另外，学校每天进行纪律卫生评比，每月进行班主任工

---

① "山东省小学教师队伍质量研究"课题组：《山东省小学教师队伍质量现状抽样调查分析报告》，《淄博师专学报》，2010年第2期，第3—18页。
② 张建东：《农村贫困地区小学教师职业压力研究》，西北师范大学硕士学位论文，2009年。

作常检和任课教师常检,检查结果要计入学期末的个人考评中。我现在总是身心疲惫,而且患了神经衰弱,每天都头痛。我最大的希望就是每天让我睡够8小时……】

相比之下,班主任的工作量更大,任务更重。由于小学生年龄小,自我保护意识、自我防御意识薄弱,这无形中增加了班主任管理的难度。小学班级事务管理更细、更杂,而且小学班主任的安全责任重。同时班主任课时量多,工作超负荷,还得尽心对待各种检查、评比、考核,家长、社会对班主任、学生成绩抱有很高的期望。[1] 这六个方面是造成班主任高压力的主要方面,除此之外还有诸如同事之间竞争激烈,各类职称、资格的准入性考试,付出与收获不成比例等之类的压力,这些压力也使班主任身心俱疲。

同时,有的老师觉得备课是最花时间、最累人的工作,因为有的学校对备课的书写要求很多,首要要求就是"项目齐全"、"字数充足"。例如有的学校的备课本设计了教学目标、教学重点难点、教学过程、教学方法、板书设计、提问问题、时间分配、教具使用、教后记等固定栏目,教师不能漏写任何一个栏目,否则便认为你备课不充分,不能得高分。备好课是上好课的前提,但备课本上却有许多不必要的项目,有好多不必要的书写内容,并且无论教龄多么长,一本书教过多少遍,每次都是从头再来,机械重复的劳动,长久下来,最初的新鲜感消失了,随之而来的就是厌倦和烦躁,给教师造成沉重的心理负担,产生职业压力。

教师职业的特殊性,决定了他们的工作难以简单地用8小时工作制来衡量。教学、作业、管理以及其他各种繁琐的事情,像一座座沉重的大山,压在老师们的身上。在这种状况下,教师这一神圣工作和崇高事业已经被挤压得严重变形,日益沦为一种机械的、被动的、令人厌倦的简单劳作和苦役。长时间超负荷运转,让许多教师感觉到身体疲惫不堪,工作压力繁重,心理负荷也很沉重,紧张和焦虑的情绪日益增长,最终导致身心健康水平的下降。

---

[1] 杨坤据:《小学班主任工作压力的调查研究》,《新课程》,2010年第3期,第8—9页。

二、学校管理不尽公平

（一）学校管理不尽科学

学校管理的不科学主要表现在对教师的教育教学和教师管理制度上要求过多、检查过多、评比过多、不必要的培训过多、事务性的工作过多等方面。[①] 频繁的论文评比、竞赛、教研活动、公开课、反复检查教案等让老师应接不暇，这些都给老师带来了额外的负担。

【某小学一位老师说，做了班主任，就得把班级的工作搞好，争取在评比中拿优秀，拿不到优秀不仅影响年终评比，对我们自己日后的发展也很不利，领导会认为你不会管理班级。为把班级工作搞好，就必须整天盯着学生，不能让他们违反学校规定而导致班级的德育被扣分，否则就前功尽弃了。另一位教师说，原先我特别期盼过周六、周日，现在一想周六周日学校还要搞培训就别提多苦恼了。一周上 5 天的课就已经够我们受的了，好不容易有个休息的时间也被占用了，你说不去吧还不行，去吧，培训的内容实在是对我们没多大用处。没办法我们一到培训的时候就拿上作业本，一边听讲座一边批作业，要不时间就会特难打发。】

（二）对教师的评定方式不尽合理

以下是某小学建立的对教师的评定制度：[②]

---

① 张敏：《长春市小学教师职业压力调查及其对策研究》，东北师范大学硕士学位论文，2007 年。
② 陈华：《中小学教师压力与教师发展》，南京师范大学硕士学位论文，2004 年。

【我们学校建立教学常规的检查和抽查制度，一是建立开学和期末学校常规工作检查制度，以督促教师按制度进行教学。二是建立不定期不定科的抽查考试制度。对教师的教学工作除了平时的检查和随堂听课外，还通过教导主任、年级组长、各科教研组长对教师的备课笔记、作业批改进行抽查、分析、评价，尤其重视对教师期中、期末所任学科成绩的量化分析，以期建立学校整体教学常规监控机制。在教学时间内，校内所有的课面向全体教师开放，每一位教师都可以在自己无课的情况下听其他教师的课，规定每个教师每周必须听2节以上本专业的课，还规定要写好听课记录并且要详细评价（所谓教师之间互评），然后交到教务处作为对授课老师的考核之用。每周学校领导随机听课，听课后及时研究并评出等级，也纳入个人考评记录。】

教师评价应该发挥教师的积极性，尊重教师的个性和尊严，促进教师专业发展。学校教学管理的"简单化"、"模式化"、"复杂化"、"烦琐化"，频繁的工作检查、评比，过细过滥的量化管理，把教学工作中一些不宜量化的东西硬要量化打分，有意无意间限制了教师的教学自由，压抑教师个性，浪费教师时间，加重教师负担，使教师"戴着镣铐跳舞"。一个教师无奈地说："以前老师对学生的舞弊行为是深恶痛绝的，但现在老师的普遍观点是他能偷看到是他的本事。毕业会考时如果是监考本校的学生，那么，教师睁一只眼闭一只眼，因为只要分数高就行，更有甚者，为了与别校争名次，在阅卷时都想办法提高学生的分数。"学校评定方式的不合理给教师带来前所未有的焦虑和紧张，从而给老师带来种种压力。从上面教师的叙述中可见一斑。

再就是评职过程中不能做到公平竞争，论资排辈现象依然严重，破格评职称阻力重重。一些学校领导利用职权之便把职称指标留给自己或亲朋好友，也有一些教师与领导拉关系、走后门、送礼，这在农村中小学中往往比较普遍。但教师又无力改变什么，内心痛苦不堪，只有通过自己的加倍努力，使工作更加出色，这也使得竞争越来越激烈，压力冲突更剧烈。

学校评定的功利化、机械化、非正常化，使得教师成为一个开闸的机器，心灵之舞停滞了,一切意义也都湮没了。不切实际、不合理的评定方式给教师的人格、尊严、自我发展带来极大的压力,超负荷的工作又僵化了教师的身躯和心灵,教师就像始终绷紧的弦,承受着前所未有的焦虑。

（三）教师评价体系不尽完善

我国现行的教师评价体系还不够完善,学校对教师评价依旧以工作绩效为主要依据,而教师的工作绩效往往与学生的升学考试或是学生的成绩紧紧联系在一起。许多教师非常愿意接受新课程改革中提倡的新教学方法,注重学生能力的培养,但是,按照新课改要求做的教师往往在期末考评中受到的评价并不是很好,仅仅因为学生的成绩不太理想,践行课程改革的努力就会被全盘否定,导致教师不敢尝试新理念教学,再次回到对学生成绩的追求上来。上级部门对教师课改的要求和学校对教师评价的脱节,导致教师无所适从。

具体说来,目前我国中小学教师评价方式的不合理性主要体现在:[1]

1. 评价主体单一化

现行教师评价一般采用教育行政部门领导评价、学校领导评价、同行评议的方式。作为评价主体的教师却没有真正参与进来。学校领导要评价全体教师,而学校领导并不熟悉所有的课程,缺乏足够时间了解所有教师的实际工作情况,在评价中就会只凭借自己对这位教师的印象来打分。各学校的考评往往是评价者对被评价者进行的一种自上而下的评价过程,缺乏民主、平等的交流。

2. 评价依据主观片面化

由于教师工作的特殊性、教育成果的特殊性,评价无法像企业评价产品质量和数量一样来衡量教师的劳动成果,使得教师评价在实际操作过程中具有一定难度。面对

---

[1] 司继伟、王金素:《引发中小学教师职业倦怠的教师评价因素》,《山东师范大学学报(人文社会科学版)》,2007 年第 2 期,第 158—161 页。

无法衡量的"教育成品",评价主体在评价的过程中难免加入太多的主观因素,这就为一些投机行为的出现留下了太大的空隙,例如有些老师给领导送礼,有些忙于与同事结交,教学中也会时不时记得讨好学生,甚至在关系自己利益的重要职称评价中拉选票。每年的"优秀教师"、"先进教师"的评选往往与那些埋头苦干、善于教学却不善于搞人际关系的教师无缘。

另外,还有一些学校在对教师进行评价时,几乎只关注学生成绩与升学率,将教师的奖金等福利问题直接与学生成绩挂钩。虽然学生的考试成绩在很大程度上反映了教师的教学效果,但绝不应成为评价教师的唯一指标。其他方面如小学生学习兴趣和学习习惯的养成、身心素质的提高等也应成为评价的内容之一。

3. 评价标准僵硬化,量化考核过细

评价标准笼统、划一。很多学校笼统地从德、能、勤、绩四个方面或者从思想品德、教学水平、工作业绩和工作态度几个方面来评价教师,界定不明确,操作性不强。

量化考核过细,导致教师疲于应付。对教师的考核管理从早晚的签到签退,到每周的听课次数,学生作业面批记录,备课时数要超前,教学反思还要达到一定数量……过细的量化考核不仅无法调动教师的工作积极性,反而使教师工作越来越消极,一切工作都围绕着考核的分数在运转,评价体系不科学,挫伤教师积极性。

4. 评价结果利用片面化

以教学效能核定为目的的评价,主要是将评价信息用于教师的聘任、晋升等人事决策中。随着国家全面实施以全员聘用合同制为主要内容的中小学人事制度改革,教师职业以往虽清苦却稳定的"铁饭碗"也被打破。当前我国教师又面临着一个新的压力源,即聘任方面的压力。以竞争上岗和末位淘汰为标志的教师聘任制给广大小学教师带来较大的冲击。值得注意的是,在升学压力、聘任压力的笼罩下,来自学生的压力,如纪律问题、厌学、人际关系压力,以及标志着教师职业发展和专业成长的诸如学历、进修、职称以及晋升等方面的压力也被淹没在生存压力之中。

三、末位淘汰波涛汹涌

2000 年,教育部颁发《教师资格条例实施办法》,标志着教师持证上岗正式进入实施阶段,教师聘任制工作也从此全面启动。随着教师全员聘任及教师资格制度在各地教育部门的实施,教师职业的稳定性受到了巨大冲击,原本聊以自慰的教师职业的稳定性被一年一聘的"竞聘上岗"和"末位淘汰制"所取代。[①] 该制度实施以来,习惯于认为教师工作比较稳定的教师们现在也不得不面临待岗的威胁,部分教师甚至产生了无望、无助和无所谓的心理,以一种消极的态度对待身边的人和工作。

教师末位淘汰制是指学校根据本单位的总体目标和具体目标,结合各个岗位的实际情况,设定一定的考核指标体系,以此为标准对教师进行考核,根据考核的结果对得分靠后的教师进行淘汰的绩效管理制度。一般认为实行"末位淘汰制"有利于培养教师的竞争意识;有利于推动教师队伍建设;有利于提高学校管理的效率;量化的指标可以使教师的业绩一目了然,使教师奖惩及富余人员的分流有了明确的依据。

然而事实却表明,"末位淘汰制"非但没有有效地提高教师的工作积极性,反而出现了一些反作用,教师们的危机感和无助感日益激烈并感受到巨大压力。有的老师说:"教师的中心任务虽然是'教书育人',但事实却告诉我:人的事先放下,教师唯一的任务就是教书,教好书! 于是,学生的考试成绩成了教师工作的全部内容,也成为教师保住饭碗的终极砝码。为了生存,教师从精神到肉体都成为'成绩'的奴隶。教师天天怕自己成为学校里教学成绩最差的教师,教师实在是怕'末位淘汰制'。"

"末位淘汰制"的实施,无论是对学生,还是对教师,都有严重的弊端。对学生而言,考试成绩成为衡量学生学习情况的唯一标准,成绩好,其他的都可以宽容,可以忽略不计,成绩不好则意味着对个体的全盘否定,这不利于学生综合素质的提高;对教师而言,则不利于教师间的合作和整体素质的提高。众所周知,学校实施"末位淘汰制"

---

① 张建东:《农村贫困地区小学教师职业压力研究》,西北师范大学硕士学位论文,2009 年。

的主要标准是学生的考试分数,也就是教师所教学科的考试成绩。教师为了提高学科成绩,就会"急功近利",不再认真开展教学研究,而把全部心思专注在一本教科书和几本辅导资料上,以"大面积"的"题海战术"作为提高学生成绩的"不二法宝"。在这种情况下,老师对学生身心健康和精神成长的关注,就成为可有可无的事情。"末位淘汰制"导致教师人人自危,尤其是同一学科教师之间相互敌对、各自为战,从而严重影响教师团队的合作精神和凝聚力。

四、教育管理纷繁复杂

首先,小学教师面对的是刚步入学校学习的儿童,其教学对象具有特殊性。入校学习是儿童生活的一大转折点,但从以游戏为主导活动转变到以学习为主导活动需要一个过程,如果儿童对入学做了充分准备,就能较快较好地顺利完成过渡;相反,则可能需要较长时间才能适应学校生活,而最初的适应不良可能给他们带来一些心理障碍,如不愿去学校、学习障碍、交往障碍等,儿童的思想和行为又不易被教师所控制,使教师对学生的管理难度加大。学生不按时到校、不做作业、有厌学情绪、不遵守课堂纪律等,都是小学教师每天必须面对并需加以解决的难题。更何况学生的进步也不是立竿见影的,这就形成了一种持续的工作负担,常常使教师产生厌倦感和挫折感。[1] 另外,现在的小学生多是独生子女,家长对孩子常是娇生惯养、百般溺爱,孩子个性大多较强,心理脆弱,再加上班额较大,教师难以开展教育和管理,压力较大。

【有的小学教师说,现在的小学生一心总想着当班干部,有的甚至让爸爸妈妈为此给班主任送礼,有的小学生还拿钱请同学吃饭,让大家选他当班干部。班主任很头疼,因为没有那么多的官衔可以满足这么多学生的要求,只能轮流让他们当。如果你不让孩子当班干部,孩子对你的抵触情绪非常大,上课经常吵闹,你对他说服教育吧,你说

---

① 张建东:《农村贫困地区小学教师职业压力研究》,西北师范大学硕士学位论文,2009年。

一句,他给你顶十句,压根不听你的,你要是给他来点措施那就不得了了,他们一大家子人会冒出来跟你理论,真是惹不起呀! 我现在就是特别困惑,你说对这样的孩子怎么教育,怎么管理! 打也不是,骂也不行,体罚就更不行了。现在孩子与以前孩子相比,真是太难管了。】①

五、人际关系阴晴难定

学校的人际关系也是影响教师心态,导致教师压力感的一个重要因素。② 学校环境中的人际关系较为复杂,作为一名教师,既要处理好与领导、家长和学生的关系,又要协调教师之间、家人之间的关系。其中领导的不恰当批评、教师之间教学理念的不同、个性特征的差异、家长的不信任以及家人的不理解等,都会使教师长期处于压力状态之下。特别是在教师与家长意见不统一而又得不到领导相应的支持时,就会处于易受攻击而又孤立无援的境地。压力还产生于同行之间的竞争。在荣誉和利益面前,每个人为了维护自己在群体中的地位,都会有一些反应。随着学校内部评优、晋级、排名等各种竞争现象的出现,同事之间相互给予肯定、适当支持和正确评价并不容易,尤其是当个人利益掺杂其中时,就可能会加剧教师之间的紧张关系,使得教师之间不能互通有无、敞开心扉。

① 张敏:《长春市小学教师职业压力调查及其对策研究》,东北师范大学硕士学位论文,2007 年。
② 李向群:《中小学教师职业压力及应对策略》,山东师范大学硕士学位论文,2006 年。

第三节

给心魔一条出路
——小学教师压力的自身成因

先看两个老师的一段对话：

【C老师：我刚刚上班的那段时间，心情特别烦躁，什么都不熟悉，教学又没有经验，学生也不听话，觉得压力很大，甚至有时候感觉快要撑不过去了，现在一切慢慢习惯了，就觉得好多了。真是想象不出来，那段时间是怎么熬过来的。

Z老师：我倒不觉得。我才从学校出来，走上工作岗位的时候，感觉什么都新鲜，什么都想试试，干劲十足，和学生打交道觉得很有趣，那些年长的老师对我也很好，总之是心情愉快，根本没感到什么压力。倒是老师当久了，最初的新鲜感没有了，随之而来的是重复的劳动，繁琐的工作任务，常常觉得很烦。】

压力更多地取决于主观感受，具有个体差异。教师压力的形成一方面源于外在的客观刺激，另一方面源于内部的个性行为。在个性行为基本相同的情况下，外在的客观刺激越大，压力也就越大；反之，在同样刺激下，具有不同个性行为的人主观感受到的压力也是不同的,因为不同人对压力的知觉和评估有所不同,其对压力的承受水平也不一样,有的人可能在人们普遍认为比较高的压力水平上工作仍能有突出的表现,而有的人则可能在相对比较低的压力水平下工作就会感到阻碍。[①]

心理学研究表明,心理压力的产生从其本质上看是内外环境不协调的结果,是外部要求或期望水平超过个体现有能力时的一种心理感受。[②] 教师压力是教师个体一种特定的精神状态,它的产生与教师个体紧密相联。教师的个性特点、自我期望值、自我效能感是教师压力产生的主要内部来源。

一、个性特点与小学教师压力

个性或人格是各种心理特性的综合,如性格、兴趣、爱好及能力等,也是各种心理特性的一个相对稳定的组织结构,在不同的时间、地点,它都影响着一个人的思想、情感和行为,使他具有异于他人的、独特的心理品质。[③] 有的教师个性内向、脆弱、偏执、多疑、不善于沟通,工作上又缺乏主动性,与上级关系紧张、与同事关系不和谐,又不能自我反省,往往容易产生对抗、放纵等不良情绪,他们心情郁闷、怨天尤人、妒贤忌才、缺乏自信,给自己造成了一种无形压力,进而影响身体健康。因而,教师个性方面的问题在很大程度上是教师压力的重要来源。[④]

有学者研究了教师压力感受与个性的关系,结果表明,[⑤]不同压力感受程度教师的个性在内外向、情绪稳定性方面差异均显著,中度以上压力感受程度的教师与轻度以下程度的教师相比,前者更具有倾向内向和情绪不稳定的个性特征。说明倾向内向

① 龚珊珊:《小学教师压力及应对的个案研究》,华中师范大学硕士学位论文,2007年。
② 陈庆:《兰州市城关区小学教师职业压力现状及对策研究》,西北师范大学教育硕士学位论文,2006年。
③ 刘蕾:《高中教师压力来源及解决对策》,《时代教育(教育教学版)》,2009年第9期,第67—68页。
④ 文红玉、李小英:《教师压力:成因分析与应对策略》,《当代教育论坛》,2006年第12期,第70—71页。
⑤ 魏开效、李丰举、李晶:《教师压力感受与个性及心理健康的相关性研究》,《中国学校卫生》,2005年第1期,第47—48页。

性格的教师容易感受到压力,在遇到压力时往往选择自己承受,不善于向他人倾诉沟通,长期"积压"而无"泄压",使自我感受到的压力越来越大,进而导致烦躁不安、容易激动等不稳定的情绪表现。

也有学者研究了教师职业倦怠与人格特征的关系,结果表明,[1]教师职业倦怠与人格特征的精神质和神经质存在显著正相关,说明性格孤僻、与他人难以相处、情绪反应强烈、经常焦虑的教师容易发生职业倦怠;教师职业倦怠还与人格特征内外向性、掩饰性存在显著负相关,说明性格外向开朗、社会环境适应良好的教师不容易发生职业倦怠。这意味着对于同样的职业压力情境,具有良好人格品质的教师能更好地面对和调节。换言之,性格随和、人际和谐、情绪稳定、外向开朗、适应良好的教师不容易受到职业倦怠的伤害。

另外,追求完美是很多教师的生活目标,总认为作为学生的楷模,就应该是完美的,不能有缺点,这也是产生压力的主要因素之一,它突出体现在 A 型性格中。A 型性格是指具有如下性格特征者:争强好胜、急躁易怒、常有时间紧迫感、说话坦率、习惯于指手画脚,给人以咄咄逼人的印象。这类教师总愿意从事高强度的竞争活动,不断驱使自己在最短的时间里做最多的事情。A 型性格的教师常常为自己做事制定最后期限,不断给自己施加时间压力,很容易处于中度至高度的焦虑中。

二、认知评估方式与小学教师压力

压力作用于个体,经过某些中介系统的增益或消解后,压力事件的强度和性质可以发生某些改变,其中个体的认知评估方式便是构成中介系统的一个重要部分。个体接触到压力后,首先在认识和理解的基础上,评估压力的性质和压力对自己的利弊程度,进而评估自己的实力,确定自己能否战胜压力,以及自己对待压力的方式,是逃避

---

[1] 郑晓芳、崔酣:《中小学教师职业压力、人格特征与职业倦怠的关系》,《医学与社会》,2010 年第 3 期,第 80—82 页。

还是消灭它,抑或是努力适应它。①

　　教师的认知(工作满意度、压力影响自评)对个体的压力感受有显著的影响,认知和压力感受之间有一定的关系。人的压力和情绪不仅来自事情本身,更来自于对事情的不合理认知。对于同一压力事件,看法不同,产生的反应也就不一样,积极思维会减轻我们的压力感受,消极思维则会增加压力感受。如果将压力事件看成挑战,个体就会产生积极情绪,这时压力就会变成行动动力;如果将压力事件看成是对身体或心理的威胁,就会产生消极情绪,如焦虑、沮丧、紧张。② 其中非理性的认知与教师的压力水平高度相关。

　　下面我们通过一个例子来理解教师的非理性认知对教师压力的具体影响。假设小涛是一个典型的有破坏性行为的学生,上学迟到、课本带不全、作业不做、上课时会不时地去打扰他周围的同学。这种孩子客观上是比较难教育的,教师不但要给其他学生上课,还要时时分心对付小涛才行。而事实上,在这种情形下教师感受到的压力,更主要地取决于教师自身。面对小涛,其中一位教师进行了理性的思考:"我希望小涛能够安分点,希望我能控制他的行为。让我来教这样一个班,我确实不喜欢,但是我可以忍受这一点。我想我该想办法激励,或者至少减小他的破坏性行为的影响。"在这些理性思考之后,他会感到有压力,但并未陷入绝境。更重要的是,他在思考如何解决问题。另一位教师,却以一种完全不同的非理性思维将小涛的问题看得严重得多,因此产生了极大的压力。"在我的课上应该规规矩矩,我应该自始至终将课堂控制得很好。小涛的破坏性行为真是太糟了,我不能忍受这一点。"虽然我们都希望小涛能够表现得更好一点,但并没有规定他必须表现良好,后一位教师在面对课堂上学生的不良表现时将自己置于过大的压力之下。他"真是太糟了"、"我不能忍受这一点"的想法几乎是其所有自我创造的压力的核心原因。

---

① 刘蕾:《高中教师压力来源及解决对策》,《时代教育(教育教学版)》2009 年第 9 期,第 67—68 页。
② 唐丁方:《中学教师工作压力源的研究》,《内蒙古师范大学学报(教育科学版)》,2007 年第 8 期,第 145—149 页。

非理性的认知或者说不合理的信念往往有以下三个特点：①

（一）要求绝对化

认为某件事必定发生或不发生，从自己的主观愿望出发，而不是从客观事物本身出发，常用"必须"或"应该"等字眼来形容和看待身边的人和事，有这种想法或信念的人较容易陷入情绪困扰。

（二）过分概括化

这是一种以偏概全、以一概十的不合理思维方式的表现。一方面，对自己评价时，如果事情做得不好，就认为自己一无是处，一钱不值，常导致自暴自弃，容易产生焦虑抑郁情绪。另一方面，对别人评价时，别人稍有差错，就认为他人一无是处，并常责备他人，容易产生敌意和愤怒情绪。

（三）糟糕透顶

如果不好的事发生了，就认为百分之百的糟糕透顶，并认为事件的发生会导致非常可怕或灾难性的后果。有这种观念的人对己、对人、对周围环境事物要求绝对化，从而易陷入焦虑、绝望、不安、痛苦等情绪体验中，并且不容易从中解脱出来，常处于不良情绪中。

---

① 陈红敏、赵雷：《理性情绪疗法原理及其在学校中的运用探讨》，《社会心理科学》，2004 年第 2 期，第 238—241 页。

三、自我效能感与小学教师压力

自我效能感是美国心理学家班杜拉提出的一个核心概念,指个体对自己是否具有成功地完成某一活动所需能力的判断或信念。教师自我效能感是在"教学"这一特殊情境中构建的,因此也称"教学效能感",是教师对自己影响学生行为和学习成绩的主观判断,或是教师根据自己以往的经验对教育的理解,确认自己能有效地完成教学工作、实现教学目标的一种信念。[①]

国内有学者研究了教师自我效能与工作压力之间的关系,结果表明,自我效能感高的教师其集体效能感也较高,压力较小。这可能是由于教学效能感高的教师对于自己的能力充满信心,较乐观,在集体中与他人相处得较为和谐融洽,容易相互承认、接纳,面临教学难题时,对自己和集体的能力具有信心。他们工作自信、生活愉快,面对压力会及时解决调整。[②] 还有的研究表明教学效能感高的教师不易产生职业倦怠,教学效能感越低,职业倦怠就越严重。[③]

杨佃霞等人的研究表明,[④]小学教师的职业倦怠不但与教学效能感显著相关,而且教学效能感对职业倦怠有显著的预测作用,即教学效能感,教师的情绪衰竭、非人性化和认知枯竭水平就会越低,而教学效能感,教师的自我成就感就会越高,教师的职业倦怠水平就会越低。这说明,如果教师对自己工作有信心,认为自己有能力完成教学工作,实现教学目标,那么他们的倦怠水平就会降低,而如果对自己的工作没有信心,

---

[①] 杨佃霞、王金素、司继伟、王冬梅:《小学教师自我效能感、教学效能感与职业倦怠的关系》,《中小学教师培训》,2008 年第 6 期,第 54—56 页。

[②] 艾娟、郑涛、尚晓丽:《教师自我效能、集体效能与教师压力状况的关系研究》,《山东师范大学学报》,2005 年第 4 期,第 154—157 页。

[③] 刘晓明:《职业压力、教学效能感与中小学教师职业倦怠的关系》,《心理发展与教育》,2004 年第 2 期,第 56—61 页。

[④] 杨佃霞、王金素、司继伟、王冬梅:《小学教师自我效能感、教学效能感与职业倦怠的关系》,《中小学教师培训》,2008 年第 6 期,第 54—56 页。

认为自己不能掌控教学的教师倦怠程度就会较高。李晔等人发现，[①]教学效能感高的教师与教学效能感低的教师在课堂时间的安排、课堂提问的认知水平、提问对象、对学生的反馈方式等方面均存在差异，教学效能感高的教师在课堂组织管理水平，教育机智水平方面要高于其他教师，因而会调动学生学习的积极性，获得良好的教学成绩，容易受到领导、学生及学生家长的喜爱，提升成就感，而教学成就感的提高又会促使他们更加热爱工作，不断从工作中获得乐趣，良性循环让职业倦怠远离了这些教师。

除了以上教师自身因素外，教师的自我期望过高也会导致压力。社会期望往往会内化为个体的自我期望。教师对自己不切实际的职业期望及教师的自身素质或能力水平不能适应职业的要求，同样是造成职业压力的主要原因之一。教师对自身能力、水平认识不足，过高估计自己，自我期望值过高，经常导致活动失败而引发心理压力。教师对自身的期望值越高，与现实的冲突就越激烈，产生的压力也就越大。尤其当自我期望远远高于现实自我时，心理压力便更大，甚至产生挫败感，导致严重的自卑或抑郁。

---

① 李晔、刘华山：《教师效能感及其对教学行为的影响》，《教育研究与实验》，2000 年第 1 期，第 50—55 页。

第二编

技　术

　　面对工作中所遇到的各种压力，小学教师该如何积极应对呢？本编将从认知、情绪、意志和人格等方面详细地展开分析，并让老师们掌握时间管理的科学观念。首先，要辩证地看待压力，保持乐观心态。小学教师的压力来源是不一样的，并且压力对于小学教师而言，既有消极作用又有积极作用，我们要学会从积极方面看待压力，学会把压力变成动力，避免压力的消极作用，发挥压力的积极作用。大家一定要注意事件本身并不会影响我们的情绪，而对事件的看法或认知才会引起我们的快乐或悲伤，所以要学会正确看待发生在我们身上的事情。其次，要做情绪调节的主人，培养积极情绪。当我们遇到一些不良情绪时，要学会运用宣泄法、淡化与转移法、控制法来排解不良情绪，并采用深呼吸法、想象放松法、肌肉放松法等来进行放松。让快乐成为一种习惯，俗话说的"笑一笑，十年少"是有一定的心理学依据的。第三，要学会锻炼坚强意志，养成健全人格。为了锻炼坚强的意志，要学会确定合适的目标，并学会应对目标实现过程中遇到的一些挫折，我们将介绍相关的意志调控的心理训练。在坚定自己的追求，完善自我的基础上，要学会发挥自身气质积极的一面，塑造自己完美的性格特征，只有具备良好而健全的人格，才能更有效地应对压力。同时，教师也要学会建立和谐的人际关系和良好的社会支持系统，从而为自身的发展和压力应对保驾护航。另外，我们在本编中还介绍了很多相关的量表，老师们可以抽时间进行测试，以便及时客观地了解自己的相关品质。

第四章

魔鬼与天使的对决
——辩证看待压力,保持乐观心态

我们先来看一封来自广东省南海市一位教师的书信。在这封以《我的一份呐喊》为题的信中,这位老师说:"据调查,我国中小学教师人均日劳动时为 9.67 小时,比其他岗位平均多 1 小时,娱乐时间少 0.5 小时左右,积累起来,年超额劳动时间为 420 小时。长时间超负荷运转,使教师疲惫不堪,身心疾病增加,心理负担沉重。"①"教师的心理压力明显高于其他行业,属于心理问题多发的高危职业。"作为一名小学教师,如何认识自身的压力、面对压力、应对压力,让每个教师都感觉"我忙碌、我疲惫、我清贫,但是我快乐、我充实、我享受"呢?

---

① 金梁:《教师身上有几座"山"》,《青年教师》,2002 年第 2 期,第 48—50 页。

第一节

掀起你的盖头来
——小学教师的压力来源与差异

吉里亚科和萨克里夫于 1978 年最先在《教育评论》上发表了关于教师工作压力的研究报告,将教师职业压力定义为:由教师的工作而产生的负向情感及反应症状。[①] 压力不是一种想象出来的疾病,而是身体"战备状态"的反应,它是当个体意识到某种情形,或者某个人,或者某件事情具有潜在威胁性的时候作出的反应。在小学教师生活中能引起压力的事件很多,例如家庭环境因素,工作、学习环境和社会环境因素等。小学教师压力的主要来源有学生年龄小,同事之间竞争激烈,上课节数多,跨学科教学,教学工作量大等。

每位小学教师都会面临各种压力,处理不当就会造成负面影响,影响其身心健康。工作中的这些压力事件对身心的影响几乎人人共知,然而生活中很多大大小小的琐事也会影响我们的健康,这可能是很多小学教师所没有意识到的。另外,也许大家都认为只有不好的事情发生在自己身上才会损害自己的健康,好的事情有利于

---

① Kyriacou, C. & Sutcliffe, J. Teacher Stress: Prevalence, Sources and Symptoms. British Journal of Educational Psychology, 1978,(48):pp. 159 - 167.

人的健康,其实不然。坎纳(Kanner)编制了两个量表,一个是日常生活中小困扰的量表,另一个是日常生活中令人兴奋事件的量表,有学者用这两个量表进行调查发现:被测试人的健康状况与小困扰出现的频率和强度有关,而与生活事件数目和严重性比较无关,而振奋事件与健康无关。[①]

下面呈现的是一份生活事件压力表,您可以边做边了解现实生活中能引发压力的事件具体有哪些。

视窗 4-1

生活事件压力表

下面是世界著名的"压力事件程度排名",生活事件与压力程度表:此为生活事件与压力程度的测验。请仔细想想,以下列举的生活事件在过去一年内是否曾经发生,请在"发生"栏填上分数,将每一项发生事件的分数全部加起来即为总分。总分:_____

事件	生活事件	发生次数×分数
1	配偶死亡	100 分
2	离婚	73 分
3	分居	65 分
4	判刑	63 分
5	亲密家庭成员的死亡	53 分
6	受伤或者生病	53 分
7	结婚	50 分
8	失业	47 分
9	破镜重圆	45 分
10	退休	45 分
11	家庭成员的健康变化	44 分
12	性困难	40 分

[①] 郭念锋主编:《心理咨询师》(基础知识),民族出版社 2005 年版,第 311 页。

13	新增加家庭成员	39 分
14	事业调整	39 分
15	经济状况发生变化	39 分
16	好友死亡	38 分
17	换工作	37 分
18	与配偶的争吵越来越多	36 分
19	超过一年纯收入的抵押	35 分
20	丧失抵押品或贷款的赎取权	31 分
21	工作职责改变	30 分
22	儿子或者女儿离开家	29 分
23	与亲家发生矛盾	29 分
24	显著的个人成就	29 分
25	配偶开始或停止工作	28 分
26	开始上学或者结束学业	26 分
27	生活条件改变	26 分
28	个人习惯改变	25 分
29	与老板发生矛盾	24 分
30	工作时间和条件改变	23 分
31	搬家	20 分
32	学校改变	20 分
33	娱乐方式改变	19 分
34	社会活动改变	18 分
35	新增小额贷款	17 分
36	睡眠习惯变化	16 分
37	家庭成员团聚的次数发生变化	15 分
38	饮食习惯改变	15 分
39	假期	13 分
40	春节	12 分

| 41 | 轻微违法 | 11分 |
| 总分 | 算出你的压力总分是多少了吗? | |

分数解释:

低于149分:风险程度:一般,大约有30%的机会罹患身心疾病。

150—299分:风险程度:中等,大约有50%的机会罹患身心疾病。

超过300分:风险程度:较高,大约有80%的机会罹患身心疾病。

[资料来源]EAP测评:《生活压力事件量表》。http://www.dfxzeap.com/index.asp?bianhao=456。

不同的教师面临的压力源是不一样的,下面再具体分析一下小学教师压力来源的差异。

(一)年级差异

同为小学老师,处于同样的环境中,所教年级不同,教师感受到的压力也不同。研究发现:在小学中教师感受到的压力最大的是任教五年级(五年制小学)的教师,初中是九年级,高中是高三年级,[①]任教毕业年级的教师感受到的压力都是该学段最重的。有很多地区实行的是六三学制,根据研究结果我们可以看出,任教小学六年级也就是毕业年级的老师感到的压力最大,压力的来源主要是学生的升学。

(二)岗位差异

研究发现,在小学教师中不同职务的小学教师心理压力也存在着显著差异,担任

---

① 汤林春、张文周、朱光华:《城市中小学教师工作压力的现状与对策》,《上海教育科研》,2009年第9期,第4—9页。

行政职务和班主任工作的教师比一般教师工作的压力大。① 82.3％的班主任认为自己的工作压力大，比非班主任老师多8.1个百分点。② 还有研究发现，由于班额过大，65％的班主任认为每天至少要用一个课时进行班级常规教育。③ 班主任除教学外比一般老师承担了更多的工作，他们课外从事教育教学活动的时间和组织活动的次数较多，同时在管理班级时也花费了更多的时间。因此，班主任面临的各种困扰也更多。

（三）学科差异

"主科"教师，即语文、数学、外语等学科教师感觉压力大于"副科"教师。就各科教师直接从事教育教学的时间而言，所谓"主科"的上课时间和在校备课时间与"副科"并无明显差别，甚至还少一些，而在课外的作业批改、辅导补课等方面则大大超过"副科"，以至于在总时间上大大超过"副科"。"主科"教师课外从事教育教学活动的时间和次数也较多。另外，社会过多过高的期望对语文、数学和外语教师产生的压力更大，79.3％的语文教师、80.6％的数学教师和79.9％外语教师赞同"现在，各方面对教师要求越来越多，我都不知道该怎么做教师了"；86.8％的语文教师赞同"每天忙忙碌碌，但又为自己的工作成效担忧"。④ 这主要是因为语文、数学、外语是应试的主要学科，业内外人士都把它们视为"主科"，教学任务十分繁重。同时学校为了提升教学质量，也往往把"主科"教师安排为班主任，这样，语文、数学和外语教师又要承担更多的非教学任务。也因为他们大多是班主任，有更多的机会接触各方面人士，更易遭受不同教

① 王惠敏：《厦门城郊小学教师心理压力现状调查及对策》，《厦门教育学院学报》，2003年第1期，第42—44页。
② 汤林春、张文周、朱光华：《城市中小学教师工作压力的现状与对策》，《上海教育科研》，2009年第9期，第4—9页。
③ 杜道雯、何斌、周硕、彭育东：《农村小学教师压力现状及缓解的对策》，《湖北教育（教育教学）》，2008年第10期，第4—5页。
④ 汤林春、张文周、朱光华：《城市中小学教师工作压力的现状与对策》，《上海教育科研》，2009年第9期，第4—9页。

育价值观的困扰,从而容易产生"越来越不知道如何做教师"的苦恼。

(四) 学校差异

现有调查资料显示,公办学校教师感受到的工作压力比民办学校教师更大,79.4%的公办学校教师感觉自己压力大,比民办学校教师高 8.4 个百分点;38.8%的公办学校教师表示如果有重新选择职业的机会,不会选择当教师,比民办学校高 7.0 个百分点,说明公办学校教师的压力相对较大,对教育工作的厌倦情绪更强烈。在义务教育阶段,有一些区县在教学质量上常常或明或暗地采用统一考试的成绩来给学校排名次。在这种情况下,公办学校如果要在教学质量(一般情况下是分数)上赶超民办学校,那就需要付出更多的时间和精力,社会期望对公办学校教师造成的压力更大。民办学校集中力量抓教学,而公办学校教师要承担更多的非教学任务,体会到的付出与回报矛盾更强烈,所以压力更大。

(五) 地区差异

教师的压力在一定程度上存在着地区差异,教师的工资水平存在着地区差异,因而生活的压力就会有差异。有学者对农村教师进行研究发现,生活压力主要体现在教师收入偏低、住房紧张、就医困难三个方面。[1] 从调查结果看,有 86.8%的教师认为自己目前的收入与周围其他行业的人员相比,存在较大差距。住房紧张与就医困难也是教师高度关注的两个问题,有 62.4%的教师认为这是造成他们较重生活及心理压力的原因。另外,在农村中进行工作调动、在职进修,也都受到指标及其他因素的限制,很少有机会安排到农村小学教师头上。面对这种现状,有 44%—65%的教师对上述

---

[1] 杜道雯、何斌、周硕、彭育东:《农村小学教师压力现状及缓解的对策》,《湖北教育(教育教学)》,2008 年第 10 期,第 4—5 页。

各种事项造成的心理压力选择了"重度"或"极度"。

前面说过,压力有消极的一面,也有积极的一面。俗话说有压力才会有动力,正确地对待压力,常常会把压力转化成动力。有压力的存在,就会产生焦虑,适当的焦虑水平会提高工作的效率。适当的压力会给人挑战感和兴奋感,在平静似水的生活中有点压力,确实会给生活增添一些美丽的涟漪。适当的社会期待或者家长的关注会让小学老师提高自律意识,关注自己工作、学习与生活中的细节,把工作做好,良性的压力能起到一种引导作用。

将工作中的压力与教师的成长目标联系起来,既能增加教师的目标感也能让教师有的放矢,唤起他们的斗志,增加排解压力的渠道,目标的达成更能增强教师的成就感,增强自信。

压力会催使我们加快耕耘的步伐,辛勤的汗水终会换来硕果与鲜花。下文提供了一组名言,供老师们自勉。

视窗 4 - 2

有关名言

● 承受压力的重荷,喷水池才会喷射出银花朵朵。

● 挫折是块磨石,把强者磨得更加坚强,把弱者磨得更加脆弱。

● 苦难是磨练意志和力量的砺石。

● 曲折是人生的清醒剂,在曲折的道路上获得教益,这是你一帆风顺时难以得到的。

● 江水如果离开了堤岸,就会泛滥成灾。

● 断了线的风筝,虽然无拘无束,但一定会很快栽下地来。

● 断崖是山的挫折,却产生了壮丽的瀑布。

● 白炽灯发出了光焰,那是因为有了阻碍。

● 钻石——人们往往羡慕你七色分明,光芒四射,可有谁知道这块"纯碳",在地壳深处经受了数千年高温高压的考验。

● 金鱼悠然自得地在精致的玻璃缸里游来游去,它永远享受不到战胜风浪后的快乐。

● 开拓者的一生,难免有失败的纪录。但是,凭着永远进击,不屈不挠的拼搏精神,他们终能如愿以偿,高唱凯歌。

● 困难就像一只砂轮,它能砥砺勇进者奋斗的步伐,也能磨去怯懦者不多的棱角。

● 希望在探索中孕育,成功在拼搏中积聚,幸福在苦斗中获得。

● 谁要是害怕走崎岖的山路,谁就只好永远留在山脚下。

● 通向山巅的路,没有一条是笔直的。

● 获取成熟的唯一途径,就是将生命的火花献给耕耘的大地。

第二节

是什么在作祟
——左右压力反应的因素

我们在现实生活中随时都可能遭受到不同性质和不同程度的刺激,这些刺激往往不是独立地和单一化地呈现,往往会结合生物、社会和心理因素作为一个整体,对我们发生作用,这种压力作用经由中介系统,最后在我们的生理、心理和行为上体现出来。而中介系统就是我们自己的认知系统、社会支持系统和生物免疫系统。压力的逻辑过程见下图(4-1)。①

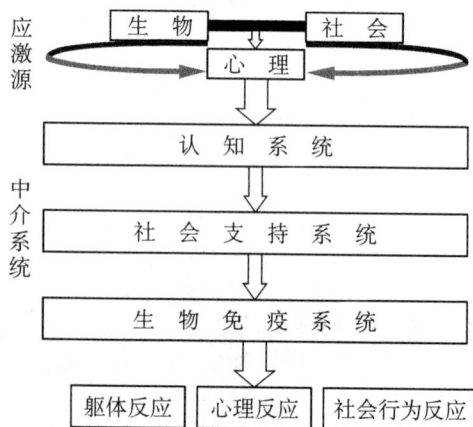

图4-1　压力形成的心理历程

---

① 郭念锋主编:《心理咨询师》(基础知识),民族出版社2005年版,第320页。

一、压力反应与小学教师的认知

当您面对评聘职称的压力时,您是怎么想的? 您是想"这次要是评不上就完了,以后的日子还怎么过啊",还是想"评上评不上是运气,运气好了自然评上,运气差怎么努力也白搭",或者想"已经尽自己最大的努力了,能评上最好,评不上说明自己做得还不够好,还需要继续努力"。如果上述分别是甲乙丙三位老师的想法,那么这些不同的想法将会导致不同的行为,持有不同想法的教师感受到的压力也是不同的。

美国临床心理学家阿尔伯特·埃利斯认为人有其固有本性,人的先天倾向中有积极的取向,也有消极的本性,换句话说人有趋向于成长和自我实现这样的积极倾向,同时也具有非理性的不利于生存发展的生活态度倾向,而且埃利斯更强调后一种倾向,他认为正是这种非理性的生活态度,导致了心理的失调。

埃利斯认为人的情绪来自人对所遭遇事情的信念、评价、解释或哲学观点,而非来自事情本身。情绪和行为受制于认知,认知是人心理活动的"牛鼻子",把认知这个"牛鼻子"拉正了,情绪和行为的困扰就会在很大程度上得到改善。

埃利斯将以上观点概括称之为 ABC 理论。A 代表诱发事件(Activating events);B 代表信念(Beliefs),是指人对 A 的信念、认知、评价或看法;C 代表结果即症状(Consequences)。埃利斯认为并非诱发事件 A 直接引起症状 C,A 与 C 之间还有中介因素在起作用,这个中介因素是人对 A 的信念、认知、评价或看法,即信念 B。埃利斯认为人极少能够纯粹客观地知觉经验 A,总是带着或根据大量的已有信念、期待、价值观、意愿、欲求、动机、偏好等来知觉经验 A。因此,对 A 的经验总是主观的,因人而异的;同样地,A 对不同的人会引起不同的 C,主要是因为他们的信念有差别,即 B 不同。换言之,事件本身的刺激情境并非是引起情绪反应的直接原因。个人对刺激情境的认知解释和评价才是引起情绪反应的直接原因。

比如评聘职称对每位老师来讲都是很重要的事,但是同样面对这个事件 A,由于甲乙丙三位老师对评聘职称的认知和看法不同,也就是信念 B 不同,那么三位老师表现出来的行为就不同。三位老师中认为"这次要是评不上就完了,以后的日子还怎么过啊"的甲老师将会感受到最大的压力;乙老师认为"评上评不上是运气,运气好了自然评上,运气差怎么努力也白搭",那么他将会静观云起云落,不做任何努力,他把事情的成败都归因于外在的、自己不能控制的力量上;而丙老师在感受到压力的同时,自己能正确看待这件事情,不会像甲老师一样将评聘失败看成是灾难性的事情。

二、压力反应与小学教师的应对方式

应对是个体面临应激情境时为减少压力或伤害而做出的认知或行为努力,是对情境变量、时间因素以及从影响适应结果的一系列事件中得到反馈的反应。[①] 应对是一个动力过程,它能改变受到压力的机体;其次,把应对看成是一个有目的的反应,以解决好受到压力的自我和刺激的关系。简言之,应对是个体面临应激情境时为减少压力或伤害而做出的认知或行为努力,它对于缓解或调解环境压力、保持身心健康具有重要的作用。[②]

应对方式可简单地理解为人们为对付内外环境要求以及有关的情绪困扰而采用的方法、手段或策略。在面对不同的问题、不同的压力时,不同的人会采取不同的应对方式。

有学者研究发现,职业压力和应对方式间相关显著。[③] 对于如何处理职业压力,83.2%的教师拥有排解压力的信心,并尝试选择转移注意力、求助、问题解决等积极的应对方式。但仍有16.8%的教师对自己的应对能力缺乏信心,采取消极逃避的方式,"拖一天算一天"。在求助对象的选择上,教师比较倾向于家人、朋友或同事,没有选择"求助专业的心理咨询机构或人员"。对于是否主动关注自己所面对的压力,34.7%的

---

① Lazarus R. S. & Folkman S. Stress, Appraisal and Coping. New York: Springer, 1984: pp. 287 - 327.
② 韦有华、汤盛钦:《COPE 量表的初步修订》,《心理学报》,1996 年第 4 期,第 380—387 页。
③ 赵现中、马兵、王明辉:《小学教师职业压力和应对方式关系研究》,《中国健康心理学杂志》,2009 年第 5 期,第 550—551 页。

教师表示"很少关注自己的感受,更谈不上主动去了解";40%的教师虽然"通过非正规渠道了解一些知识,但并不能转化为自觉有效地解决实际问题的能力",作用微小;只有26.3%的教师"接受正规培训并尝试解决问题"。[①] 这说明唤醒教师关注自我的意识与掌握有关缓解压力的知识与技巧是非常必要的。一些教师遇到问题时不知如何积极应对。调查结果表明:12.5%的被调查教师遇到问题时会"积极解决问题",29.17%的教师遇到问题时会寻求社会支持,26.67%的教师选择了逃避。[②]

压力和应对方式之间是一个动态过程,面对不同的压力源,教师一般会采取不同的应对方式,而不同的应对方式也会调节人的主观压力体验。因此,改变教师对不同方面压力的主观认知,加强对教师压力应对方式的指导,对于减轻教师的职业压力感,保持良好的心理状态具有重要的现实意义。

下面是国内学者肖计划等人编制的应对方式问卷,问卷共包括62个条目,请您认真阅读后作答,这有助于您了解自己的应对方式类型和应对行为特点。

视窗4-3

应对方式问卷

此表每个条目有两个答案:"是"、"否"。请您根据自己的情况在每一个条目前选择一个答案,如果选择"是",在"是"上划"√",如果选择否,在"否"上划"√"。

是　否　　1. 能理智地应付困境

是　否　　2. 善于从失败中吸取经验

是　否　　3. 能制定一些克服困难的计划并按计划去做

是　否　　4. 常希望自己已经解决了面临的困难

是　否　　5. 对自己取得成功的能力充满信心

是　否　　6. 认为"人生经历就是磨难"

---

① 耿敏、李洪玉:《中小学教师职业压力的现状研究》,《教育科学研究》,2008年第12期,第30—32页。

② 林荣真:《乡镇小学青年教师职业压力的现状反思与应对策略》,《中小学心理健康教育》,2007年第9期,第19页。

是　否　　　7. 常感叹生活的艰难

是　否　　　8. 专心于工作或学习以忘却不快

是　否　　　9. 常认为"生死有命，富贵在天"

是　否　　10. 常常喜欢找人聊天以减轻烦恼

是　否　　11. 请求别人帮助自己克服困难

是　否　　12. 常只按自己想的做，且不考虑后果

是　否　　13. 不愿过多思考影响自己的情绪的问题

是　否　　14. 投身其他社会活动，寻找新寄托

是　否　　15. 常自暴自弃

是　否　　16. 常以无所谓的态度来掩饰内心的感受

是　否　　17. 常想"这不是真的就好了"

是　否　　18. 认为自己的失败多是外因所致

是　否　　19. 对困难采取等待观望任其发展的态度

是　否　　20. 与人冲突，常是由对方性格怪异引起

是　否　　21. 常向引起问题的人和事发脾气

是　否　　22. 常幻想自己有克服困难的超人本领

是　否　　23. 常自我责备

是　否　　24. 常用睡觉的方式逃避痛苦

是　否　　25. 常借娱乐活动来消除烦恼

是　否　　26. 常爱想些高兴的事自我安慰

是　否　　27. 避开困难以求心中宁静

是　否　　28. 为不能回避困难而懊恼

是　否　　29. 常用两种以上的办法解决困难

是　否　　30. 常认为没有必要那么费力去争成败

是　否　　31. 努力去改变现状，使情况向好的一面转化

是　否　　32. 借烟或酒消愁

是　否　　33. 常责备他人

是　否　　34. 对困难常采用回避的态度

是　否　　　35. 认为"退后一步自然宽"

是　否　　　36. 把不愉快的事埋在心里

是　否　　　37. 常自卑自怜

是　否　　　38. 常认为这是生活对自己不公平的表现

是　否　　　39. 常压抑内心的愤怒与不满

是　否　　　40. 吸取自己或他人的经验去应付困难

是　否　　　41. 常不相信那些对自己不利的事

是　否　　　42. 为了自尊,常不愿让人知道自己的遭遇

是　否　　　43. 常与同事、朋友一起讨论解决问题的办法

是　否　　　44. 常告诫自己"能忍者自安"

是　否　　　45. 常祈祷神灵保佑

是　否　　　46. 常用幽默或玩笑的方式缓解冲突或不快

是　否　　　47. 自己能力有限,只有忍耐

是　否　　　48. 常怪自己没出息

是　否　　　49. 常爱幻想一些不现实的事来消除烦恼

是　否　　　50. 常抱怨自己无能

是　否　　　51. 常能看到坏事中有好的一面

是　否　　　52. 自感挫折是对自己的考验

是　否　　　53. 向有经验的亲友、师长求教解决问题的方法

是　否　　　54. 平心静气,淡化烦恼

是　否　　　55. 努力寻找解决问题的办法

是　否　　　56. 选择职业不当,是自己常遇挫折的主要原因

是　否　　　57. 总怪自己不好

是　否　　　58. 经常是看破红尘,不在乎自己的不幸遭遇

是　否　　　59. 常自感运气不好

是　否　　　60. 向他人诉说心中的烦恼

是　否　　　61. 常自感无所作为而顺其自然

是　否　　　62. 寻求别人的理解和同情

分数解释：

该量表包含六个分量表：解决问题、自责、求助、幻想、退避和合理化，即六种应对方式。每个分量表由若干条目组成（见下表），每个条目有两个答案，"是"和"否"。分量表的得分＝分量表单项条目分之和/分量表条目数。各分量表题目构成及计分见下表。

分量表	分量表条目构成编号
1. 解决问题	1,2,3,5,8,－19,29,31,40,46,51,55
2. 自责	15,23,25,37,39,48,50,56,57,59
3. 求助	10,11,14,－36,－39,－42,43,53,60,62
4. 幻想	4,12,17,21,22,26,28,41,45,49
5. 退避	7,13,16,19,24,27,32,34,35,44,47
6. 合理化	6,9,18,20,30,33,38,52,54,58,61

各分量表项目没有"－"者，选"是"得1分，有"－"者，选"否"得1分。

计算出各分量表的得分后，您可以依据得分的高低将应对方式排序，得分较高者即是您较常采用的应对方式。

应对方式有不同的组合：

(1)"解决问题——求助"，成熟型：这类受试者在面对应激事件或环境时，常采用"解决问题"和"求助"等成熟的应对方式，较少使用"退避"、"自责"和"幻想"等不成熟的应对方式，在生活中表现出一种成熟稳定的人格特征和行为方式。

(2)"退避——自责"，不成熟型：这类受试者在生活中常以"退避"，"自责"和"幻想"等应对方式应对困难和挫折，而较少使用"解决问题"这类积极的应对方式，表现出一种神经症性的人格特点，其情绪和行为均缺乏稳定性。

(3)"合理化"，混合型：这类受试者的应对行为集成熟与不成熟的应对方式于一体，在应对行为上表现出一种矛盾的心态和两面性的人格特点。

[资料来源] 汪向东、王希林、马弘编著《心理卫生评定量表手册（增订版）》.中国心理卫生杂志社，1999年，第109—115页。

三、压力反应与小学教师的支持系统

越来越多的研究显示,亲密的和可信任的人际关系是压力的有效缓冲器。良好的社会支持系统可以使压力事件的强度相对降低,不良的社会支持系统的作用正好相反。

有学者研究发现,小学教师获得的社会支持与人际关系压力呈显著负相关,[①]这说明小学教师积极接纳来自同事、领导、家庭等方面的关心、帮助,有利于缓解人际关系压力。另有研究发现,在年龄、性别、经济收入和日常生活习惯基本相同的条件下,有密切的社会联系(如家庭、婚姻)者的寿命较长,而那些缺乏密切社会联系的人,比起有密切社会联系的人有3%—30%的机会更容易死亡。[②] 有关社会支持系统的作用及构建将在本书第八章具体论述。

利用国内学者肖水源编制的《社会支持评定量表》,教师可以认识一下自己的社会支持的特点。该量表包含了十个条目,分为三个维度:主观支持、客观支持和对社会支持的利用度。

视窗 4-4

社会支持评定量表

指导语:下面的问题用于反映您在社会中所获得的支持,请按各个问题的具体要求,根据您的实际情况来回答。

1. 您有多少关系密切,可以得到支持和帮助的朋友?(只选一项)

(1) 一个也没有。　　　　　　(2) 1—2个。

(3) 3—5个。　　　　　　　　(4) 6个或6个以上。

---

① 阴山燕、赵丽霞:《小学教师职业压力与社会支持的关系研究》,《中国健康心理学杂志》,2010 年第 7 期,第 808—810 页。

② 郭念锋主编:《心理咨询师》(基础知识),民族出版社 2005 年版,第 318 页。

2. 近一年来您:(只选一项)

(1) 远离家人,且独居一室。

(2) 住处经常变动,多数时间和陌生人住在一起。

(3) 和同学、同事或朋友住在一起。

(4) 和家人住在一起。

3. 您与邻居:(只选一项)

(1) 相互之间从不关心,只是点头之交。

(2) 遇到困难可能稍微关心。

(3) 有些邻居很关心您。

(4) 大多数邻居都很关心您。

4. 您与同事:(只选一项)

(1) 相互之间从不关心,只是点头之交。

(2) 遇到困难可能稍微关心。

(3) 有些同事很关心您。

(4) 大多数同事都很关心您。

5. 从家庭成员得到的支持和照顾(在合适的框内划"√")

	无	极少	一般	全力支持
A. 夫妻(恋人)				
B. 父母				
C. 儿女				
D. 兄弟姐妹				
E. 其他成员(如嫂子)				

6. 过去,在您遇到急难情况时,曾经得到的经济支持和解决实际问题的帮助的来源有:

(1) 无任何来源。

(2) 下列来源:(可选多项)

A. 配偶; B. 其他家人; C. 朋友; D. 亲戚; E. 同事; F. 工作单位;

G. 党团工会等官方或半官方组织； H. 宗教、社会团体等非官方组织；

I. 其他(请列出)：

7. 过去,在您遇到急难情况时,曾经得到的安慰和关心的来源有：

(1) 无任何来源。

(2) 下列来源(可选多项)

A. 配偶； B. 其他家人； C. 朋友； D. 亲戚； E. 同事； F. 工作单位；

G. 党团工会等官方或半官方组织； H. 宗教、社会团体等非官方组织；

I. 其他(请列出)：

8. 您遇到烦恼时的倾诉方式：(只选一项)

(1) 从不向任何人诉述。

(2) 只向关系极为密切的1—2个人诉述。

(3) 如果朋友主动询问您会说出来。

(4) 主动诉说自己的烦恼,以获得支持和理解。

9. 您遇到烦恼时的求助方式：(只选一项)

(1) 只靠自己,不接受别人帮助。

(2) 很少请求别人帮助。

(3) 有时请求别人帮助。

(4) 有困难时经常向家人、亲友、组织求援。

10. 对于团体(如党团组织、宗教组织、工会、学生会等)组织活动,您：(只选一项)

(1) 从不参加。

(2) 偶尔参加。

(3) 经常参加。

(4) 主动参加并积极活动。

计分方法：

(1) 第1—4,8—10条：每条只选一项,选择1、2、3、4项分别记1、2、3、4分。

(2) 第5条分A、B、C、D、E五项记总分,每项从"无"到"全力支持"分别记1—4分。

(3) 第6、7条如果回答"无任何来源",则记0分,回答"下列来源"者,有几个来源就记几分。

量表的统计指标：

总分：即十个条目评分之和。客观支持分：2、6、7条评分之和。主观支持分：1、3、4、5条评分之和。对支持的利用度：第8、9、10条评分之和。

[资源来源]汪向东、王希林、马弘编著：《心理卫生评定量表手册（增订版）》中国心理卫生杂志社，1999年，第127—131页。

四、其他因素

不同的人对相同压力的反应除了与上面提到的认知、应对方式和社会支持系统有关外，还与很多因素有关系，例如个体的人格特点、人生阅历、生理因素以及外在环境因素等。

不同的性格倾向对待压力的反应会不同。内向的人往往对压力能够默默地承受，但有可能因此抑郁而不能释怀；外向的人对压力可能反应过激，但压力所造成的不良影响又较易烟消云散。冲动的人会首先排斥压力；理智的人却倾向化解压力。

积极的人会将压力视为动力；消极的人会将压力当作阻力。心态开放的人相信方法总比问题多，所以努力寻求缓解压力的方法；偏执的人则会陷入压力的漩涡中难以自拔。

教师自身的人生阅历同样会影响其对压力的反应，过去接触过的人、经历过的事、去过的地方、受过的教育、兴趣爱好等都会影响到压力反应方式。小学教师的人生阅历越丰富，其抗压能力也就越强。

小学老师自身的生理因素会影响到压力反应，例如年龄、性别、健康状况，以及运动、营养、休息状况等。不言而喻，一个人的生理状况越好，其抗压能力也就越强。有研究发现女教师工作压力更大，但男教师厌倦教育工作的人更多，78.9%的女教师感到工作压力大，比男教师高5.2个百分点；而如果有机会重新选择职业，41.1%的男教师不会选择当教师,比女教师反而高 5.3 个百分点,[1]虽然女教师感受到的压力更重,但对教育工作的厌倦情绪反而没有男教师强。

外在环境因素包括:文化背景与社会道德观念等。刚到国外留学或工作的人,自然会体会到文化背景的不同所带来的精神压力。刚踏入工作岗位的小学老师,感受不到压力是不可能的。社会道德观念开明开放的环境,会令人心情舒畅,顾虑减少,人的精神压力自然也就减弱。另外,和睦的家庭、健全的社会福利保障系统,都会正面影响教师对压力的态度和反应。

---

① 汤林春、张文周、朱光华:《城市中小学教师工作压力的现状与对策》,《上海教育科研》,2009 年第 9 期,第 4—9 页。

第三节

幸福在自己手中
——学会应对压力

当沉重的工作堆到你的面前时，你是怎么想的，你的第一反应是什么？当我们的祖先遇到紧急情况时做出的反应是准备"逃跑或战斗"以应对环境，这些特点遗传给了我们，所以当我们遇到让自己感到压力的事件时，多数情况下我们也在想"逃跑或战斗"。然而很多压力都源于与人相处、工作以及生活本身，我们无法改变或者避免，逃跑是行不通的。所以要努力做到学会更好地处理它们，减少消极压力，或者把它们变为积极压力。我们可以从调节认知、改变行为方式和构建社会支持系统等几个方面来学会如何应对压力。

一、调节认知，改变行为方式

埃利斯的情绪 ABC 理论阐释了认知的重要性。作为一名小学教师，学会调节个人认知，首先要检验自己的信念中有没有埃利斯所归纳的十一种不合理信念，如果存在这些非理性观念，就要对自己的非理性观念进行分析，认识到其中的错误从而进行纠正。

另外,在调节个人认知的过程中,以下几点建议值得注意:

（一）换个角度看问题

每天我们都会遇到各种各样的事情,也会有各种各样的经历或体验:快乐、悲伤、失落、充满希望等等。每一件事情都是一分为二的,有积极的一面也有消极的一面,当你感到失落困惑的时候,不妨挖掘一下事情的积极方面。自信乐观的人,享受人生道路上的每一寸时光,用成功为自己打气,在挫折中寻找宝藏。相反,消极自卑的人,总是关注别人的成功,抱怨自己的失败,总是看到事情消极、困难的一面。烦恼是别人带来的,快乐是自己找到的,快乐是一天,痛苦也是一天,何不快快乐乐过好每一天? 其实只要学会换个角度看问题,我们每个人都可以拥有多彩且快乐的每一天。

（二）敢于做决定

生活中有各种各样的心理冲突,如果不能及时化解,这些冲突就容易给我们带来压力。按冲突的形式,可将内心冲突分为四大类:①双趋冲突:当两件都对人有强烈吸引力,但两者又互不相容的事情出现在面前时,譬如,恰在母亲的生日那天,你们大学同学组织了十年聚会,要一起去参观母校,你既想留在家里和母亲过生日又想去参加聚会,这时你便体验到了双趋冲突。②趋避冲突:当一个人想达到一个有吸引力的目标,但达到该目标却有极大危险,例如,您想攻读教育硕士,但是要考教育硕士,就要牺牲平时休息的时间和与家人在一起的时间来复习,也要面对笔试和面试的压力,这时,如果您既想读硕士又不想花时间复习和应对考试,便进入了趋避冲突的状态。③双避冲突:当一个人面临两种不利的情境,便体验到双避冲突的压力,例如,刚放暑期,您正在家里和孩子拟定假期计划,突然接到领导的电话,说学校要建一间实训室,要让几个老师去外地购买器材,几个老师去外地学习经验,问你选哪一项,而这两项都是您所不愿意的,您只想在家里好好陪陪孩子,那么这时您便体验到了双避冲突。④双重趋避

第四章 魔鬼与天使的对决

冲突：双重趋避冲突由两种可能的选择引起。当两种选择都是既有利又有弊时，面对这种情况，人们就会处于双重趋避冲突中，例如，现在有两个班级，一个班的整体学习成绩很好，但是班里有几个调皮的孩子很让人头疼，另一个班纪律很好，但是这个班的成绩要比另一个班差很多，这时领导要让您从中选一个班做这个班的班主任，这时您就体验到了双重趋避冲突。当处于以上心理冲突中，我们应该注意，重要的是敢于做决定而不是做何决定。在你犹豫不决时，建议你采用抛硬币或者抓阄的方式决定，因为不管你选择哪种都会左右为难，那么又何必在选择的过程中痛苦呢？

（三）善待自己

在生活中，许多压力完全是由于自己的虚荣心导致的。为了住大房子、争省市级优秀、评各种标兵……不得不拼命赚钱，拼命加班加点工作，无端地给自己增加了压力。金钱、名誉、地位这些都是过眼云烟，却常常被人视为是最重要的东西，为之所累。我们应学会真正地享受生活，摆脱虚荣。当生活中各种繁杂的事务将我们宝贵的时间和精力肢解，使我们没有充足的时间和精力去执行最重要的事情的时候，要学会先分析一下什么对我们是最重要的，什么是次要的，重要的事情先做，次要的少做或不做。不要对自己太苛刻，至善至美只是一个遥远的梦，适当放低一下标准，放松一下自己的心情，摆脱完美主义对自己的束缚。

对有些压力我们可以通过"问题关注应对"的方式来应对。所谓问题关注应对是指通过直接的行为来改变应激源（问题），比如学习压力、工作压力等，多数情况下我们可以通过自己的有效行动去解决面临的问题。有些问题是社会的或者是自然灾害带来的损失，我们很难改变现实，这时候最好采用"情绪关注应对"的方式。所谓"情绪关注应对"，是指通过放松、转移注意力、接受现实等方式改变自己的情绪，而非指向改变现实，后者可能是徒劳无益的，甚至使自己再次受伤。

过重的工作会导致人生理疲劳，效率低下，从而导致过分的焦虑与紧张。适当的休息不但会缓解大脑疲劳，而且可以放松一下紧张的心情，减轻心中的压力。冥想在西方已经被证实是很好的放松办法。冥想是集中注意以提高觉察水平,对内部而不是外部刺激的反省活动,已经证实有降低焦虑、降低氧消耗量、减慢心率、减轻肌肉紧张、增加脑电 α 波等良好的作用。

每个教师都可以寻找一些行之有效的行为方式来缓解自己的压力,例如:寻找朋友进行交流并获得他们的支持;面对压力的根源,通过行动改变它;改变自己对问题的看法,以求更加透彻地看待问题;和朋友们开玩笑,用幽默的办法来钝化困难的锐气;沉溺在个人的爱好或兴趣中,它使人放松并感觉良好;保持健康的饮食等。另外,练瑜伽、打太极拳等体育运动都可起到一定的减压作用。

二、协调关系,构建社会支持系统

人际关系处理不好,会给我们带来许多现实的压力,而良好的人际关系可以帮助我们积极应对压力。

(一)真诚待人

心理学家安德森通过对个性品质受喜爱程度的研究发现,"真诚"是最受欢迎的个性品质。处理好人际关系最重要的就是要真诚,真诚是一种待人的态度,是一个人发自内心而不是虚情假意地对他人的关心和尊重。真诚不等于直率,也不等于实话实说。人与人交流时应该讲究方式方法,有时善意的隐瞒也是一种美德,尤其是表达不满时,不要太直率。

(二)正确认识自己

古希腊哲学家苏格拉底早就指出"认识你自己",老子也说"知人者智,自知者明"。人要有自知之明,即有正确的自我认识、自我评价。良好的人际关系的发展有一个重要条件是首先要自己喜欢自己，自己欣赏自己。只有喜欢自己，才会设立自我理想、注重自我形象、实现自我价值，从而形成积极、正面的自我观念。正确认识自我，才能自我调适、自我控制和自我完善，才能悦纳自我，从而正确地对待别人。正确认识自己，要避免两个极端，一是避免自我认知过低，产生自卑感；二是避免自我认知过高，产生不切实际的优越感。

（三）主动与人交往

人们都愿意与喜欢自己的人交往，而不愿意与对自己无好感的人交往，您的主动接近会给人您喜欢与别人交往或者您喜欢别人的感觉，这就为别人喜欢您赢得了一定的砝码。同时在人际交往中，当有人主动对您做出友好行为，表示对您的尊重和接纳时，您也要给予他人相应的积极反馈；否则，做出友好行为的一方会由于心理上的不平衡，而不再继续以友好的态度对待您。

（四）保持良好的心态

良好的心态比知识更重要。一个有健康心态的人，会拥有健康的人际关系，健康的生活和工作态度。人际交往过程中心态要平和、不骄不躁、不卑不亢，才能赢得别人的尊重和欣赏。要善于接受别人、宽容别人，容许别人犯错误，容许别人指出自己的错误，容纳不同于自己的意见、观点、看法和做法。人不可避免地都有优点或缺点，要设身处地地为别人着想，最大限度地理解别人。

（五）提高人际交往的技巧

很多时候，人们有愿望与别人友好相处，但是往往不知道该怎样做。所以，积累一些人际交往的技巧指导自己是必要的。下文提供一些人际交往小技巧，供老师们

参考:

1. 尽可能鼓励别人。要学会称赞他人的成果——即使是很小的成功。称赞如同阳光,缺少它我们就没有生长的养分。你的称赞永远都不会多余。

2. 要在任何时候都给别人保留脸面。不要让任何人感到难堪,不要贬低别人,不要夸大别人的错误。

3. 在人背后只说他的好话。如果你找不到什么好话说,那就保持沉默。

4. 仔细观察别人,那样你就会发现他做的好事。当你表示赞许的时候,你要充分说明理由,这样才不会有谄媚之嫌。

5. 尽可能不要批评别人,不得不批评的时候也最好采取间接方式,始终对事而不对人。你要向对方表明,你真心喜欢他也愿意帮助他。永远不要以书面形式批评别人。

6. 允许别人偶尔自我感觉良好。不要吹嘘,而要承认自己也有缺点。你要谦虚谨慎、戒骄戒躁。如果你想树敌,你就处处打击别人。如果你想得到朋友,你要得饶人处且饶人。

7. 要多提建议,而不是发号施令。这样做可以促进合作关系,而避免引发矛盾。

8. 当别人发怒的时候,你要表示理解。他人的怒火常常只是为了引起你的注意。你要给予别人足够的同情和关注——他们需要这些。

9. 你要让别人相信,主意来自他自己。好主意不在乎其主人是谁,而每个人都情愿相信在按照自己的意愿行事。

10. 不要打断别人的话,即使当他说错了的时候。当他心里还有事的时候,是不会耐心听你诉说的。

11. 要试着从别人的立场上分析事情。同时不要忘了问自己:他这样做是出于什么原因? 理解一切意味着宽恕一切。

12. 不要总是有理。你可以比别人聪明,但是你不要告诉对方。你要承认也许是自己错了——这样可以避免一切的争吵。

13. 在发生矛盾的时候,保持镇静。你首先要倾听对方的意见,努力寻找双方的一致之处，用批评的眼光看待自己，向对方保证考虑他的意见，并对他给予自己的启发表示谢意。

假如您是一名校领导，那么您可以营造一定的环境和氛围，来帮助教师处理好教师与校外人员之间、领导与教师之间、同事之间、师生之间的人际关系。

首先，引导教师多接触学校周围的社区，与学生家长多接触以便让社会了解学校，让周围的人了解教师，体察教师的酸、甜、苦、辣。

其次，学校领导与教师之间要经常交流。领导不仅仅要关心教师的专业发展，更要体察教师的辛苦，关心教师的生活，主动帮助教师解决生活中的困难。要让教师在做好学校教育教学各项工作的同时，能够感到快乐，让教师想努力、想付出，在付出时心甘情愿，在付出后能劳有所得。

再次，建设关怀型、合作型的校园文化。各项规章制度和管理措施都应鼓励合作、倡导关怀，为教师开展丰富多彩的校园文化活动，多为教师创造对话、合作与互相学习的机会，引导教师合作互助，在合作中不断进步，体验帮助别人的快乐，体验成功。

最后，适当开展师生共同参与的校园文化活动，如组织师生混合的各类球赛、举办师生书画展、组织师生一起观看有教育意义的电影等，拉近师生之间的距离，从而拉近他们之间的心理距离，让师生之间更深入地相互理解，体会对方的苦与乐，优化师生关系。

下面是《国外校长应对压力的 30 种方法》供大家参考。

视窗 4-5

国外校长应对压力的 30 种方法

★微笑

★听音乐

★建立一个关于赞美的文档

★在网上冲浪

★和学生在一起

★拓展你的交际范围

★读书

★不要把压力带回家

★享受自然

★和宠物玩耍

★烹调一顿美餐

★在花园里劳作

★有效地管理时间

★和同行一起活动

★看一个有趣的肥皂剧

★在家工作一天

★上一堂有趣的课

★听有灵感的磁带

★享受周末

★锻炼

★找一个空的教室

★安排和爱人一起活动

★约定

★跑步

★安排值得期盼的校外活动

★冥想

★保持积极的心态

★和朋友在一起

★直接地交流

★享受压力

[资料来源]伊廷伟:《国外校长应对压力的30种方法(上)》,《校长阅刊》2006年第1期,第75—76页。

第五章

做情绪调节的主人，
——培养积极情绪

　　一个人面对太阳，眼中就是阳光灿烂；如果背对太阳，看到的将永远是自己的影子。同一件事情，从不同的角度看，会有不同的结论。比如放在你面前的半杯水，有的人看了可能会说：噢，只剩下半杯了！另一些人可能会说：嗯，还有半杯呢！两种态度，两种人生，两种不同的情绪状态。

　　英国哲学家斯宾塞说过，生命的潮汐因快乐而升，因痛苦而降。如果一个人过度愤怒、焦虑、忧愁、痛苦等，就会使他的心理活动失去平衡导致神经活动的机能失调，判断能力降低，甚至丧失理智，使正常行为瓦解，造成机体的病变。当然，情绪能致病也能治病。情绪上的良性感染与反馈，能促使体内免疫球蛋白、A血清素和各种酶的生物活性水平提高，改善机体的新陈代谢和神经调节功能，如许多癌症患者以豁达、开朗、乐观的心情战胜绝症。积极的情绪有助于身心健康，消极的情绪会引起人的各种疾病。[1] 消极情绪在精神方面表现为抑郁、人际交往障碍，在身体方面常常表现为使人感到疲乏无力、心悸、气促、口干、食欲下降，并可能伴有头痛、失眠、腹痛、便秘或腹泻等症状。因此，每位小学教师都需要特别关注个人不良情绪的调节问题。

---

① 凌宇、凌云：《浅析教师的情绪管理》，《教书育人》，2005年第12期，第38—39页。

第一节

打开自己的心结
——负性情绪的一般调节

【老师课堂上提了一个问题,自认为很简单,可等了足足两分钟后,还是没有同学主动举手回答,课堂出现冷场。这时,教师气不打一处来。"怎么不动动脑筋,脑子要它干吗?这么简单的问题也不会?""哎,教你们可真没劲,太……"教师的语气中充满了失望与埋怨,只好垂头丧气地自己把答案讲了一遍。】

上述案例中,教师在提出要求和确定工作目标时,缺乏对学生和对自己的充分了解,是教师产生消极情绪的原因。教师如果能够有效调节自己的消极情绪,并能够更改自己当时的教学方式,考虑学生的学习方法,有一些提示性步骤,相信学生能迎刃而解,从而能够保证教学目标的正常完成。本章将介绍一些教师调节消极情绪或不良情绪的一般方法。

一、情绪调节及其现实意义

情绪管理或情绪调节,是指通过有意识地自我控制,充分了解和掌握自己的情绪,增加理解他人的能力,增强情绪控制的能力,促进人际关系正常和谐。教师的情绪调节指教师通过对自身情绪状态的主动影响,控制自己的消极情绪,不把负性情绪带到教学中,更不要发泄在学生身上。[①]

（一）情绪调节有利于教师身心健康

愤怒、焦虑、抑郁等不良情绪不仅会影响教师的心理健康,而且时间久了会导致身体的疾病,如胃肠疾病、心血管疾病、内分泌失调等。因此,教师调节好自身的情绪,不仅有利于自身的心理健康,而且也有利于其身体健康。

（二）情绪调节有利于学生健康成长

教师良好的情绪,有利于学生的健康成长,有利于塑造学生良好的人格。既有利于教师知识的传授,又有利于培养学生良好的学习习惯和生活习惯,同时还有利于学生创造力的发挥。

二、情绪稳定性自测

既然教师的情绪调节对于教师和学生而言非常重要,本章将具体介绍调节情绪的方法。在介绍具体内容之前,老师们不妨自己先做下面的情绪测试。[②]

---

① 田园:《教师的情绪管理》,《河北教育》,2004 年第 7 期,第 91 页。
② 转引自李虹,《教师工作压力管理》,中国轻工业出版社 2009 年版,第 111—114 页。

视窗 5-1

你的情绪是否稳定

1. 观看自己最近拍摄的照片时,有何想法

a. 不称心　　　　　　　　b. 很好　　　　　　　　c. 可以

2. 是否想到若干年后会有什么事情使自己极为不安

a. 经常想到　　　　　　　b. 从没想到　　　　　　c. 偶尔想到过

3. 是否被朋友、同事挖苦过

a. 有的事情上　　　　　　b. 从来没有　　　　　　c. 偶尔有过

4. 上床以后,是否再起来一次,看看门窗是否关好,炉子是否封好

a. 经常　　　　　　　　　b. 从不　　　　　　　　c. 偶尔

5. 对与你关系密切的人是否满意

a. 不满意　　　　　　　　b. 非常满意　　　　　　c. 基本满意

6. 在半夜时,你是否有什么害怕的事情

a. 经常　　　　　　　　　b. 从没有　　　　　　　c. 极少

7. 你是否因经常梦见可怕的事情而惊醒

a. 经常　　　　　　　　　b. 从没有　　　　　　　c. 极少

8. 你是否曾经多次做同一个梦

a. 有　　　　　　　　　　b. 从没有　　　　　　　c. 极少

9. 有没有让你吃后非常想吐的东西

a. 有　　　　　　　　　　b. 没有　　　　　　　　c. 难以确定

10. 除去看见的世界外,你心中是否有另外一个世界

a. 有　　　　　　　　　　b. 没有　　　　　　　　c. 难以确定

11. 你是否觉得你不是现在的父母所生,尽管你知道事实并不是这样

a. 时常　　　　　　　　　b. 没有　　　　　　　　c. 偶尔

12. 你是否觉得有人爱你或者尊重你

a. 是　　　　　　　　　　b. 否　　　　　　　　　c. 说不清

13. 你是否常常觉得你的家人对你不好,但是你又确知他们对你好

a. 是　　　　　　　　　　b. 否　　　　　　　　　c. 偶尔

110

14. 你是否觉得没有人十分了解你

a. 是   b. 否   c. 说不清

15. 你在早晨起来的时候,最常出现的感觉是什么

a. 情绪低落   b. 心情舒畅   c. 说不清

16. 你对秋天的经常的感受是什么

a. 秋雨绵绵,草木凋零   b. 秋高气爽,硕果累累   c. 难以确定

17. 在高处的时候,你是否有想摔倒的感觉

a. 是   b. 否   c. 有时

18. 你是否觉得身体很强壮

a. 否   b. 是   c. 难以说清楚

19. 你是否回到家就立即把自己房间的门关上

a. 是   b. 否   c. 不清楚

20. 你在一个极小的空间(例如关上门的小房间)是否会忐忑不安

a. 是   b. 否   c. 偶尔

21. 面对选择,需要你做决定时,你是否举棋不定

a. 是   b. 否   c. 偶尔

22. 你是否相信玩硬币、玩纸牌可以测前途、凶吉

a. 是   b. 否   c. 偶尔

23. 你是否常常碰到东西而受伤或摔倒

a. 是   b. 否   c. 偶尔

24. 你是否需要一个多小时才能入睡,或者很早就会从睡梦中醒来

a. 经常   b. 从不   c. 偶尔

25. 你是否曾经看到、听到或者观察到别人觉察不到的东西

a. 经常   b. 从不   c. 偶尔

26. 你是否觉得自己具有超越常人的能力

a. 是   b. 否   c. 难以确定

27. 有人在你身后走,你是否觉得心里不安

a. 是   b. 否   c. 难以确定

28. 你是否觉得有人注意你的言行

a. 是　　　　　　　b. 否　　　　　　　c. 难以确定

29. 当你一个人夜间走路的时候,是否觉得前面潜藏着危险

a. 是　　　　　　　b. 否　　　　　　　c. 偶尔

30. 你对别人自杀有什么看法

a. 可以理解　　　　b. 不可思议　　　　c. 不清楚

评分标准

以上各题答案,选 a 者得 2 分,选 b 者得 0 分,选 c 者得 1 分。各项相加后即为该项测查的总分。

分数说明

总分 0—20 分:表明你的情绪非常稳定,并且你可以理解周围人的心情,具有很好的通情能力。同时,你具有很强的理智感,在处理问题时很少因为一时冲动而造成不必要的损失。你的个性爽朗,因此受到周围人的欢迎。

总分 21—40 分:表明你的情绪基本稳定,但偶尔也会出现情绪上的不适。你对事物过于冷静,处世有些消极,不善于表现自己的个性。你的自信心不是稳定的,办事热情也随之产生波动。有时你会出现瞻前顾后、踌躇不前的情形。

总分在 41 分以上:表明你的情绪极不稳定,烦恼与忧愁与你日日做伴,这使你处于极度的紧张和矛盾之中。特别是如果总分在 50 分以上,说明你目前的情绪状态极差,应该与心理医生取得联系,做进一步的诊断。

[资料来源] 转引自李虹:《教师工作压力管理》,中国轻工业出版社 2009 年版,第 111—114 页。

三、教师情绪调节的一般步骤

教师对自身负性情绪的调节过程,一般可以归纳为以下三个步骤:[①]

------

① 曾少云:《浅谈教师情绪管理》,《科教论坛》,2008 年第 15 期,第 61 页。

第一，体察自己的情绪。也就是要时时提醒自己"我现在的情绪是怎样的?"例如:当学生迟到而对他冷言冷语,问问自己:"我为什么这么做? 我现在有什么感觉?"学着体察自己的情绪,是教师进行情绪管理的第一步。

第二,适当表达自己的情绪。教师之所以生气可能是因为学生没有遵守学校的校纪校规,被学校管理部门知道而对学生及教师个人进行处罚,以及影响其他学生学习和损害班级名誉等,或者是担心其在上学途中发生意外。在这种情况下,教师可以婉转地告诉学生:因为你迟到,我十分担心你在路上发生意外,全班同学也可能担心你,当然也会影响你和同学们的学习。试着把"我十分担心"等等传达给他,让他了解他迟到会带给老师和同学们什么感受。而不恰当的表达是什么呢? 例如,教师指责学生:"怎么老是迟到,为什么不想想老师和全班同学……"当教师指责对方时,也会引起学生负面的情绪,他会变成一只刺猬,忙着防御外来的攻击,没有办法站在你的立场为你着想。如此一来,学生和老师之间就会形成一种对立情绪,并且很难消除。如何"适当表达"情绪需要用心体会、揣摩,更重要的是,要切切实实地用到现实生活中。

第三,以合适的方式疏解情绪。疏解情绪的方法很多,有些人会痛哭一场,有些人找亲朋好友诉说一番,另一些人会逛街、听音乐、散步、爬山或强迫自己做别的事情以免想起当前的不愉快。不恰当的方式则是喝酒吸烟、飙车,甚至自杀。实际上,疏解情绪的目的在于给自己一个理清想法的机会,让自己舒服一点,也让自己更有能量去面对未来。如果疏解情绪的方式只是暂时逃避痛苦,而后需承受更多的痛苦,这便不是一个合宜的方式。有了不舒服的感觉,要勇敢面对,仔细想想,为什么这么难过、生气?我应该怎么做,将来才不会重蹈覆辙? 怎么做可以减少我的不愉快? 这么做会不会带来更大的伤害? 根据这几个角度去选择适合自己且能有效疏解情绪的方式,教师就能够控制情绪,而不是让情绪来控制你!

四、教师情绪调节的具体方法

下面具体介绍几种负性情绪的调节方法。

（一）宣泄法

宣泄法是指个体在遭受挫折、产生负性情绪后，通过创造一种情境，使自己可以自由地表达压抑的情感，让积郁的情绪发泄出去，让紧张的反应放松下来，从而达到平衡身心、缓解压力、消除郁闷情绪的效果。下面的例子能很好地说明这个问题。

【长驴耳朵的皇帝非常怕别人知道这件事情。为了理发，他得让理发师接触他的脑袋，他只让理发师一个人知道这个秘密，并要理发师发誓不向外泄露这个秘密。日子一久，理发师由于这件事压在心上很难受，几乎要发疯，可又不敢说出来。怎么办呢？他在地上挖了一个大洞，每天对着洞大吼："皇帝长了一对驴耳朵！"】①

宣泄是调节情绪的重要方法，对于痛苦、愤怒等不良情绪，我们不要压抑，不要"默默忍受"，而要采取合理的途径宣泄。所谓合理是指在宣泄时不要伤害自己，不要危害他人，也不要违反社会规范，不要因为自己的宣泄而使他人感到痛苦。宣泄的方法有很多，有学者曾简单归纳为哭、笑、说、写、动。②

哭。人们哭时流的眼泪能把情绪不良时产生的毒素排出，并能使自己的心情变得轻松。

笑。笑也是释放压力的一种方式，在笑声中，忘记烦恼和忧愁。我们可以看喜剧、笑话、漫画，和幽默的朋友聊聊天等。

说。可以找朋友、同事或亲人，甚至是陌生人去倾诉，所谓"一吐为快"。当把心理的不满说出来之后，你就会感到很轻松。

写。写日记、写纸条，以表达自己的情绪，不在于写的过程，而在于通过写这种方

① 转引自李虹著：《教师工作压力管理》，中国轻工业出版社 2009 年版，第 115 页。
② 刘学兰：《小学教师不良情绪的调节》，《小学德育》，2010 年第 3 期，第 44—47 页。

式发泄自己的情绪,释放自己。

动。跑步、踢球、健身,甚至摔东西,也是缓解不良情绪的好方法。

(二)淡化与转移法

淡化与转移法是生活中一种较为常见的心理调适方法。有的教师在消极情感产生后,老是郁积于心、耿耿于怀,结果只能使这种消极情感不断蔓延并且日益加重。因此,当某种事情引起你的消极情感时,最好能把这件事尽快地忘掉或转移到另一事件上去,而不要老去想这件事。因为你为这些事悲伤、难过,已无助于问题的解决反而会增加你思想上的负担,使你的身心受到压抑。"不要为打翻的牛奶而哭泣"说的就是这个道理。如果某个场所老是引起你不愉快的回忆,那就应当设法避开这个场所,以免"触景生情";如果眼前存在着一件可以唤起种种负性情绪的物件,不妨将其收藏起来,如此等等。这样一来,就能使自己的思想暂时地离开这些不愉快的事情,逐渐遗忘,从而缓解消极情感对自己的侵扰,避免由此所造成的身心损伤。[①] 但是,另一方面,能对自己的情绪、情感产生强烈刺激的事情,通常都与自己的切身利益有很大关系,要很快将它忘掉常常很困难。因此,单靠消极的遗忘是不行的,更有效的调控是进行积极的转移。当负性情绪、情感出现时,应该有意识地通过转移话题或做点别的事情来分散、转移自己的注意力,使紧张的情感松弛下来。

具体来说可采用以下几种形式:[②]

忆喜忘忧:把令你高兴的事一条条地列在一张纸上,并且边写边努力地反复回想,沉醉于当时的愉快情景中去。这样会使你乐而忘忧,从而感到前途依然是光明的。

听音乐:当消极情绪出现时,听自己喜爱的音乐,在熟悉的旋律中心情会获得放松,变得舒畅起来。

---

① 张文秀:《负性情绪、情感与教师心理调适》,《前沿》,2008 年第 12 期,第 150—152 页。
② 章剑和:《用转移法摆脱负面情绪》,《中学生读写》,2005 年第 1 期,第 57 页。

做自己喜欢的事：当某件事一直萦绕在头脑里而影响到你的情绪时，不如暂时避开，去进行自己喜欢的活动或游戏，比说，下棋或玩扑克等。我们将会在快乐的游戏中忘掉烦心事。

积极工作：压抑会产生厌倦和懒惰。越是懒于做事的人，越容易出现心理危机。把自己的作息时间安排得井然有序，勤奋工作，让自己没有时间去考虑烦心事。

睡觉："一睡解千愁"的说法也很有道理，放下苦闷，美美地睡一觉。充足的睡眠可令人精神振奋，帮助自己走出烦恼。

（三）控制法

在日常教育活动中，学生的恶作剧、师生冲突等偶发事件，经常会把教师推向进退维谷的两难境地，使教师处于难以控制的消极情绪之中。教师的工作具有不可选择性，他们不得不与自己不喜欢甚至讨厌的学生打交道，这往往会引起教师的心理焦虑、矛盾和冲突，并常常带来愤怒等消极情绪，那么，教师在日常教育教学中应如何有效控制自己的愤怒情绪呢？

首先，要学会面对现实，拥有一颗爱心、平常心。教师要学会面对现实，用一颗平常心正确看待学生的不良行为、工资、职称、岗位评优等现象，尽量减少消极情绪的影响。只要你是一名教师，学生尊敬的目光、会心的微笑、可爱的童真、精彩的发言、真诚的交流、成绩的进步等，都是每天能够收到的"礼物"。细细体会，享受这如聆听花开般的幸福。①

其次，改变你的思维方式。愤怒的人倾向于诅咒或用带有浓重情绪色彩的词汇来表达他们内心的无名之火。事实上，当生气的时候，人的思维可能变得过于夸张。何不尝试用一些更理智的想法来代替这些夸张的想法？比如，不要对自己说"这太糟糕了，所有的事情都完蛋了"，而要告诉你自己："这件事的确让人沮丧，但这并不代表世

---

① 姚立新:《教师，要学会控制愤怒》,《中国教师》,2009 年第 7 期,54—55 页。

界的末日，所以，生气也于事无补。"①

视窗 5-2

下面做一个有关愤怒的测试。如果以下的某一项叙述与你的状况明显相符，得 3 分；如果稍微相符，得 2 分；如果完全不相符，那就得 1 分。最后把各项得分相加，统计出你的得分。

1. 我觉得我的愤怒太过度。

2. 我的愤怒曾使我陷入困境。

3. 我的家人和朋友都告诉我，我太容易生气了。

4. 我会让我的愤怒持续很长一段时间。

5. 我很容易受挫。

6. 一些细碎恼人的事就会让我情绪失控。

7. 我讨厌等待。

8. 当车辆行进不通畅或者排队队伍移动缓慢时，我会很生气。

9. 他人的无能和愚蠢常使我生气。

10. 我会态度恶劣地批评和反对别人。

11. 受到不公平和无礼的对待让我很生气。

12. 在争论中，我通常是那个最生气的人。

你的得分：

18 分以下：你没有愤怒这方面的困扰。

18—30 分：愤怒影响你生活的程度达到中等。

31—36 分：你必须着手降低你的愤怒程度。

［资料来源］仲达：《掌握和控制愤怒》，《家长》，2009 年第 8 期，第 65 页。

　　最重要的是，你必须要学习如何把自己从生气的状态中抽离。学会"自我对话"，愤怒的情绪才会变得容易掌控。接下来的一些句子对消解怒气很有用，你可以用其中

---

① 江琴、赖徐华：《如何控制愤怒》，《厦门科技》，2004 年第 5 期，第 51—52 页。

的几句话来应付某些生气的状态,也可以自己想一些有用的句子。

◎真的有必要生气吗?

◎如果我选择不生气,就没有必要生气。

◎生气于事无补。

◎我是不会掉入愤怒这个圈套的。

◎我很冷静,我很平静。

◎我会做个深呼吸,先从一数到十。

◎算了,我不喜欢无谓的情绪紧张。

◎这不是针对我个人的,我很清楚。

◎我必须清楚地意识到每个人对事情的看法会有差异。

◎我必须尊重每个人的不同选择。

◎我必须接受人人都会犯错这个事实。

◎我不能单凭某次的行为表现来评判一个人。

◎这是值得生气的一件大事吗?

◎三年、三个月、三天,甚至三个小时之后,我还会这么生气吗?

第二节

大脑也要吸氧
——负性情绪的放松训练

负性情绪的调节，还可以运用放松训练法。放松训练能使人头脑清醒、心情愉悦、全身舒适，还可以提高学习能力，改善记忆功能，提高智力和稳定情绪。长期进行放松训练还可以调整人的某些个性特征、陶冶性情，从而改善人对紧张刺激的不良心理反应。通过放松训练达到强身健体、调节不良情绪的目的已有很长的历史了。比如我国的气功、印度的瑜伽、日本的坐禅都是通过自我放松达到自我调整和自我控制目的的修炼方式，本节将具休介绍放松训练的有关内容。

一、什么是放松训练

放松训练就是通过一定的方法，如呼吸、暗示、表象和音乐等，使人体的肌肉一步步放松，使大脑逐渐平静，从而调节中枢神经系统的兴奋水平，缓解紧张情绪，增强大脑对全身控制支配能力。放松训练的原理，即肌肉和大脑之间是双向传导的，大脑可以支配肌肉放松，而肌肉的放松,又可以反馈给大脑。①

放松需要一定的条件:身边环境应是安静的,要拔掉电话线,关掉手机。椅子可以是躺椅,以便支撑整个身体,在躺着时要注意不要完全躺下,以免在放松过程中产生困倦感。放松时情绪要平静,慢慢练习;最好先练习再运用;要学会坚持。

二、常用的自我放松技术

下面介绍几种常用的自我放松技术,请老师们跟着实践一下。②

(一)深呼吸放松法

在安静的环境中,自然站立,双肩自然下垂,两眼微闭,然后做缓慢的深呼吸,深深地吸气,慢慢地呼气。一般持续几分钟即可达到放松的目的。

(二)想象放松法

选择安静的环境,舒服地坐在沙发上,闭上眼睛,全身放松,想象一些美好的景象、幸福的经历,例如想象自己在大海边,仰卧在柔软的沙滩上,感受着温暖的阳光,听着海浪拍岸的声音。海风轻轻吹来,又悄然离去,感到身子好像悬浮在蔚蓝而宁静的大海上,全身感到温暖而沉重……试着感受这种安详和平静,想象你的身体和头脑正在恢复活力。5—10分钟后,慢慢睁开眼睛,伸展全身。

---

① 《放松训练的定义和原理》,http://www.sooxue.com/gaokao/gkjyz/jyjk/200905/115270.html。
② 刘学兰:《小学教师不良情绪的调节》,《小学教育》,2010年第3期,第44—47页。

（三）肌肉放松法

这是通过循序交替收缩和放松自己的骨骼肌群,细心体会个人肌肉的松紧程度,最终达到缓解个体紧张和焦虑状态的一种自我训练方式。放松时,选择安静的环境,松开个人所有的紧身衣物,轻松地坐在一张单人沙发上,双臂和手平放于沙发扶手上,双腿自然前伸,头与上身轻轻后靠。整个放松训练按照由下而上的原则:脚趾肌肉放松—小腿肌肉放松—大腿肌肉放松—臀部肌肉放松—腹部肌肉放松—胸部肌肉放松—背部肌肉放松—肩部肌肉放松—臂部肌肉放松—颈部肌肉放松—头部肌肉放松。放松动作要领是,先使该部位肌肉紧张,保持紧张状态 10 秒钟,然后慢慢放松,并注意体验放松时的感觉,如发热、沉重等。放松时伴随想象,例如想象一股暖流从头顶慢慢流向全身。每次放松的时间为 20 分钟左右,持之以恒,一般能有效缓解焦虑、紧张等情绪。临睡前放松有助于提高睡眠质量。

（四）自我放松指导语[①]

1. 我在休息。我摆脱了一切紧张,我在放松。我感到轻松自如,我是平静的,我什么也不期待。我在摆脱压力和紧张,全身都放松了。我感到轻松和愉快。我在休息。

2. 腿脚肌肉放松。腿脚的肌肉放松了。腿是轻松自如的。左腿的肌肉放松了,右腿的肌肉放松了。腿是轻松自如的。我是安静的。我感到了温暖。我感觉非常舒服。我已经排除了一切紧张。我是非常安静的。我真是非常安静的。

3. 手臂的肌肉放松。手臂的肌肉放松了。左手和手指的肌肉放松了。左臂的肌肉放松了。肩部、前臂的肌肉放松了。整个左手臂都放松了。右手和手指的肌肉放松

---

① 转引自李虹著:《教师工作压力管理》,中国轻工业出版社 2009 年,第 133—134 页。

了。肩部、前臂的肌肉放松了。整个右手臂都放松了。两个手臂都放松了。

4. 身体的肌肉放松。两臂是自然下垂的。背部的肌肉放松了。胸部的肌肉放松了。腹部的肌肉放松了。放松了,感到全身都放松了。

5. 头面部的肌肉放松。头颈部的肌肉放松了。面部的肌肉放松了。双眉自如地分开了,额头舒展了。眼皮下垂,柔和地闭上,鼻翼放松了。口部肌肉放松了。两唇微开,颈部的肌肉放松了,感到颈部是凉爽的。

6. 我已经摆脱了紧张。我全身都放松了。我感到轻松自如。我感到呼吸均匀而平衡。我感到清新的空气舒服地通过鼻孔,肺部,我感到舒服,我是安静的。我的心脏跳动得很缓慢,我已经感觉不到跳动。我感到轻松自如。我很舒服。我休息好了。

7. 我已经休息好了。我感到爽快,感到精神倍增。我在睁眼。我想起来立即行动。我精力充沛了。起立!

第三节

<h1 style="text-align:center">切勿一念之差</h1>
——让积极情绪成为习惯

　　基本情绪中唯一的积极情绪是快乐。快乐是需要得到满足时的内心体验。它是个体体验到的一种愉快、欢乐、满意、幸福的情绪状态。它分为感觉愉快(感觉水平上的情绪感受)和躯体愉快(生理需要得到满足的快感)。[①] 心理学家认为,快乐并不取决于美丽的容貌、辉煌的事业,而是一种长期的、深层的心理满足感。

一、积极情绪的本质在于需要的自我满足

　　情绪是人们对外界事物产生的一种倾向性主观情感体验,它源于人的内心需要是否得到满足。如果外界事物能够满足人的需要,符合人的愿望,就会使人产生喜爱、愉快、满意、振奋等积极情绪;相反,则会产生忧虑、悲伤、愤怒、痛苦等消极情绪。[②] 需要是人对某种目标的渴望或欲望,是维持个体生命和种族延续所必需的条件和个体对相应社会生活作出的反应。人的一切活

[①] 李虹:《教师工作压力管理》,中国轻工业出版社 2009 年版,第 147 页。
[②] 刘艳莉:《调动积极情绪提高教学效果》,《宿州教育学院学报》,2005 年第 3 期,第 102—104 页。

动都是为了满足需要。需要是人类行为和社会进步的原动力。

快乐，从根本上讲是一种心理感觉，教师自身的调节才是最重要的，我们无法控制生活工作中的压力，但我们却可以控制自己对待压力的态度。[①] 如学会"没事偷着乐"，保持乐观情绪，把压力挫折看作是前进的动力，在静坐中寻求心理的平衡。

二、快乐情绪的建设和调节机制

（一）合理设定明确的目标

下面看一个小故事：

【话说一群年轻人到处寻找快乐，却遇到了许多烦恼、忧愁和痛苦。他们向苏格拉底请教，快乐到底在哪里？苏格拉底说："你们还是先帮我造一条船吧！"这帮年轻人暂时把寻找快乐的事儿放在一边，找来造船的工具，用了七七四十九天，锯倒了一棵又高又大的树，挖空树心，造出了一条独木船。独木船下水了，他们把苏格拉底请上船，一边合力划桨，一边齐声唱起歌来。苏格拉底问："孩子们，你们快乐吗？"他们齐声回答："快乐极了！"苏格拉底道："快乐就是这样，它往往在你为着一个明确的目的忙得无暇顾及其他的时候突然来访。"】

从这个故事我们可以看出，快乐来自于对明确目标的不懈努力和追求中，只有为自己确立一个明确目标，并为之忙得无暇顾及其他的时候，幸福、愉悦、快乐就会降临到我们身边。所以制定一个明确的奋斗目标，让自己在短期目标、中期目标和长期目标的指引下，充实和用好生命中的每一天，感受到每一天生活的幸福、愉悦、快乐；一个有追求的人，必定是生活幸福、愉悦、快乐的人。

---

① 衣明：《谁来帮我们找回快乐》，《教师新概念》，2007年第1期，第36—38页。

（二）笑对生活

【在一个小镇上，有一个非常富有的富翁，但他很不快乐。有一天，这个富翁垂头丧气地走在路上，这时，走来一个小女孩，小女孩用天真的眼神望着他，给了他一个很甜美的微笑。这个富翁望着孩子天真的面孔，心中豁然开朗。为什么要不高兴呢，能像这样微笑该有多好啊！第二天，这个富翁离开了小镇去寻求梦想和快乐。临走前，他给了这个小女孩一笔巨款。镇上的人觉得奇怪，问这个小女孩，明明不相识的富翁怎么会送她一笔巨额的财富，小女孩天真地笑着说："我什么都没做，只是对他微笑而已。"】

"只是对他微笑而已。"是啊，小女孩一个善意的笑，却换来了巨额的财富，实在令人难以置信。但是，这就是微笑的力量，小女孩的微笑点燃了富翁几乎化为灰烬的心灵，让他再一次有了希望，有了梦想，有了快乐。这世界上还有什么比梦想和快乐更重要的呢？[1]

生活中并不是缺少美，而是缺少发现美的眼睛。为了让生活对我们微笑，首先我们先得对生活微笑。我们所感受到的情绪并不是由环境造成的，更多的是由我们对待环境的态度和方式造成的。在客观上，教师的工作确是在所有职业中比较辛苦的，但如果我们的心态是乐观的，带着浪漫的激情、欣赏的目光和感恩的心去生活，生活一定会回馈给我们更多快乐。

1. 微笑

笑不仅能表达感情，它还有不可估量的其他作用：一次开怀的笑，就相当于一次适度的体育锻炼。在笑的过程中，面部、颈部、胸部、背部、腹部、肩部以及四肢的肌肉、关节、韧带都进行了一次有益的活动。伴随着笑，人体的腹部收缩、脸部扩张、肺容量增

---

① 《故事微笑》，http://tieba.baidu.com/f? kz=815323805.

大、进气量增多,有利于吸入更多的氧气。笑还能加强心脏的功能,促进血液循环。还对内脏器官起到一种"按摩"作用,笑还能调节神经系统的功能,消除紧张,驱散忧郁,因此人们常说"笑一笑,十年少"。

微笑将面部肌肉的冲动传递到大脑的情绪控制中心,使神经中枢的化学物质发生改变,从而使心情趋向快乐。微笑同时向外传达着对别人友好和信任的信息,传达着宽容和爱心,这样有利于消除与对手或同事,或与学生的天然或潜在的紧张对峙。

微笑应该是发自内心的。但是,有的情况下装出一份好心情发出微笑,也能够在一定程度上真的使心情快乐起来。美国心理学家霍特举过一个例子:有一天,友人弗德雷感到沮丧消沉。他通常应付情绪低落的办法是避不见人。但这天他要和上司举行会议,所以决定装出一副快乐的表情。他在会上笑容可掬、谈笑风生,装成心情愉快而又和蔼可亲的样子。令他惊奇的是,不久他发现自己果真不再抑郁不振了。弗雷德并不知道,他无意中采用了心理学研究的一个重要新原理:装着有某种心情,往往能帮助人们真的获得这种感受。①

2. 笑疗

笑疗是自我调节情绪、寻求快乐的一种方法。

每天对自己笑一笑,可以给自己一份开心,一份轻松。

【清朝时,有位县太爷,郁郁寡欢、食不甘味、睡眠也差。时间一长,日见憔悴。家人到处求医,疗效甚微。有一天,当地一位医术高明的老郎中得知此事,便上门诊病。在为县太爷把脉后,郎中一本正经地说你是得了月经不调。县太爷听了后笑得前仰后合,说此言谬矣,便把郎中逐出。后来,县太爷逢人便讲此事,每次都笑声不止。没多久,他的病竟然好了。这时他才恍然大悟,是笑声治愈了他的抑郁症】。②

---

① 转引自李虹:《教师工作压力管理》,中国轻工业出版社 2009 年版,第 151 页。
② 转引自李虹:《教师工作压力管理》,中国轻工业出版社 2009 年版,第 151—152 页。

因此,当我们的老师感到工作压力大而情绪不好时,可以欣赏经典相声、小品、喜剧,或与爱说笑话的朋友在一起,或者多看些欢乐热闹的马戏表演或电视肥皂剧,想方设法寻求哈哈一笑,给心灵减负,驱除苦闷和忧愁,进入快乐的意境。

第六章

钢铁是怎样炼成的
——磨砺坚强意志

　　磨砺坚强的意志能使一个人活得更健康,更好地掌握自己的人生,并能有效地应对各种压力。意志越坚强的人,表现得越勤奋和积极,情绪稳定,在压力面前不退缩,不气馁,积极应战。而意志具有独立性、果断性、坚韧性、自制力四大品质。

　　为了磨砺坚强的意志,我们要确定合适的目标,并学会应对目标实现过程中遇到的挫折。同时,在本章我们将从心理层面介绍调控意志的相关训练方法。

第一节

冰山上的来客
——意志

坚强的意志是一个人活得健康,能掌握自己的人生,坚持重要的价值和目标,能接受诸多挑战的一种精神动力。意志在对心理状态的调节方面,处于极为重要的地位。如人在危机的情境中,需要控制内心的恐惧和不安,形成稳定的情绪,这样才能转危为安。"胜利往往产生于再坚持一下的努力之中",强调的就是意志的作用。如今教师工作压力普遍存在,并且小学教师被认为是一个压力很大的职业,也属于高压力人群。所以小学教师拥有坚强意志至关重要。

一、意志的含义

意志指人们自觉确定目的,根据目的有意识地支配和调节自己的活动,克服种种困难而实现预定目的的心理过程。① 人们每做一件事,都会在头脑中有自己的行为目的,然后制定计划,并下决心克服困难,付诸行动。

---

① 转引自李虹:《教师工作压力管理》,中国轻工业出版社 2009 年版,第 157 页。

当我们认识一件事情时,意志使我们集中注意力,深化认识程度,并使我们的认识过程持续下去。

二、意志的四大品质

意志品质是个体在意志行为中表现出的稳定的心理特征,各方面协调才称得上意志品质优良,某方面太强或太弱,都不利于整体的意志品质体现。

（一）独立性

独立性指个体能根据自己的认识与信念,独立地做出决定,执行决定,不受他人的干扰,不随波逐流。

与独立性相反的表现是武断和受暗示性。武断是指从主观出发,刚愎自用、一意孤行,不听他人的忠告。例如,在教学管理中,凭自己的主观臆断对学生的行为进行评判,这样既容易误会学生,又使自己失去威望。受暗示性指容易受别人的影响,没有自己独到的见解,人云亦云,表现出过度的盲从和屈从。

（二）果断性

果断性是指面对复杂多变的环境,能够迅速而有效地做出决定并付诸行动。这类人善于审时度势,善于对问题做出正确的分析和判断,在考虑诸多因素的基础上当机立断,既处事严谨,又果敢坚决。

与果断性相反的意志品质是优柔寡断。优柔寡断者在决策时顾虑重重、内心冲突此起彼伏,做出决定后又患得患失,怀疑自己的决定。

（三）坚韧性

坚韧性是指在执行阶段能坚信自己决定的合理性,并矢志不渝、克服困难、坚持到底。顽固和执拗不同于坚韧,顽固和执拗的人不能正视现实,不能根据变化了的形势改变策略,甚至知错而不改。与意志坚韧者相反,动摇者在行动伊始决心很大,也能执行自己的计划,但是一旦遇到困难就放弃目标,半途而废。

（四）自制力

自制力指自觉控制和协调自己的思想、感情和行为的意志品质。主要表现在两方面:一方面使自己排除影响行动执行的干扰因素;另一方面能抑制与目的相背的情绪和行为等。自制性表现为很强的克制力和忍耐力,组织纪律性强,情绪稳定。与自制性相反的表现是任性和懦弱,任性的人自由散漫、感情用事,自我约束力差。而怯懦的人则过分压抑自我,一味迎合外在环境,在需要行动时畏首畏尾。

三、压力管理的良方——坚韧性

现在的小学教师除了教学任务以外,为了晋职晋级,要搞科研、写论文,还要参加名目繁多的各种培训班、提高班,这些对自身学识的提升究竟有多大作用,暂且不论,为此还要应付数不清的杂事,诸如迎接检查、开会、开展活动,甚至一些本不属于教师的工作也强加到教师身上,如农村的税收、城市的庆典仪式等,这种种的外在因素成为小学教师的压力源。[1] 近些年,心理学家提出了一个推论性的问题:假设潜在的压力事件出现,哪些人能保持健康? 哪些人能够免受不良压力? 答案则是具有坚韧品格的

---

[1] 转自俞劼:《实践取向——小学教师教育教程》,教育科学出版社 2007 年版,第 68 页。

人,这些人似乎能在急剧变化而复杂的条件下尽显英雄本色。

（一）坚韧性的特征

Maddi 和 Kobasa(1984)经过对群聚生活事件的研究,认为具有高坚韧性品格的个体显示出许多品质,分别是：

1. 努力工作是因为他们乐于工作,而不是因为感到被强迫或驱使。

2. 反应乐观、行动积极。

3. 在经历压力事件时还会感到有趣、重要、有感化力、对个人成长有潜在价值。

4. 认为事情的改变是自然的。

5. 期待将变化作为激发创造力的刺激物之一。

6. 把变化和困难转变成机遇与挑战。

7. 在困境中崛起。

8. 对他们正在做的一切,很容易感到满足。

9. 做他们所爱的,爱他们所做的。

10. 对所做过事很少不知所措。

11. 尽最大努力。

12. 做事充满热情和激情。

13. 相信他们能影响事情并应对事情的变化。

14. 具有很强的开拓意识。

15. 在挑战面前不轻易放弃。

（二）坚韧性的作用

小学教师心理健康问题的产生是在外界压力和自身心理素质的互动下形成的。在相同的压力和环境下,并非所有的教师都会出现心理健康问题。有的教师即使在面对压力的情况下,仍然能够保持心理的健康和稳定,此时其坚韧性发挥了重要作用。教师的坚韧性决定了教师的行为。教师职业存在的众多冲突是教师压力与紧张的根源,当压力和紧张产生后,教师用什么态度看待这些压力和情绪,是坚强地面对还是懦弱地回避,这就影响到了教师身心健康的状态。Kobasa、Maddi 和 Kahn(1982)以及其他学者的研究都清楚地显示,面对积聚的压力,坚韧性可以帮助个体抵御不良压力。①

1. 坚韧性越强,越是幸福、抑郁越低。坚韧性较强的教师对于平日压力的敏感度较低,同时也具有不以为然的乐观态度,这就决定了他们在生活工作中更能得心应手,从而也更少遭遇挫折,其幸福感较强,抑郁的感觉也较低。

2. 坚韧性越强,自尊越强、精力越是旺盛。在实践所作的决定时,往往会遇到许多困难,而克服困难就需要积极的意志力。坚韧性强的教师意志坚强,对自己能完成工作任务以及解决眼下困难具有很大的信心,从而可以较容易地克服内心的冲突、干扰及外部的各种障碍。因而他们在平时的教学工作中更能发挥其教学能力,从而轻松愉快地完成任务甚至享受工作。

3. 坚韧性越强,越乐观,自我报告的健康状况越良好。意志的坚韧性也可以通俗地表述为耐受力,就是对精神刺激或压力的承受力或抵抗力。不同教师的耐受力不同,对压力刺激的反应也不同。如被学校通知由县城小学调往边远乡村小学,有的教师可能会痛苦万分,不停地哭泣;有的教师则认为这是个锻炼自己的机会,可以理智对待。这种类似的事情发生时,坚韧性强的教师总会从阳光乐观的角度看到杯子里剩下的半杯水,而不是没有的半杯水,久而久之,这种乐观的态度即为他带来积极的健康状况。

4. 坚韧性越强,价值感和方向感越强。坚韧性的不同,还可以表现在压力刺激的时间持续性的条件下,教师对目标的坚持性以及对自己坚持下去的信心。生活中有的精神刺激虽然不十分强烈,但是频繁出现或持续存在。在这种情况下,有的教师在短

① Kobasa, S., Maddi, S. & Kahn, S. (1982). Hardiness and Health: A Prospective Study. Journal of Personality and Social Psychology, 42(1), pp. 168-177.

暂的强刺激面前可以耐受,但在精神压力长期持续存在的情况下会出现心理异常,以致人格改变。比如,一位教师可以在一次晋升高级职称失利的情况下保持平静,但是,他长时间看到比他高一级职称的教师时就觉得抬不起头来,这种思想压力越来越强烈,使得每天上班都成为一种负担。

5. 坚韧性越强,总体健康得分越高,总体生活质量越高。胡克定律①表明,如果施加的压力所造成的应变处于金属的弹性限度内,那么当压力消除时,金属仍能恢复到原先的状态;如果压力造成的应变超过了金属的弹性限度,就会产生永久性损伤。当胡克定律运用于人体时,压力就是内部或外在要求。只有当人体承受的心理压力在一定程度内,他才不会受伤。而这个承受力就表现在坚韧性上,当坚韧性较强时,面对无法改变外界的压力时就可以减少压力对自身的影响。可见,坚韧性是一种倾向于产生免受不良压力的人格模式。

---

① 胡克定律是力学基本定律之一。适用于一切固体材料的弹性定律,它表述为:在弹性限度内,物体的形变跟引起形变的外力成正比。这个定律是英国科学家胡克发现的,所以叫做胡克定律。

第二节

偏向虎山行
——直面挫折

【我是一名教师，从教十几年来成绩还不错，各种奖励证书也有七八个，还发表过若干篇论文，领导和同事对我的评价都很好。可是最近我好像出了问题。虽然我平时上课时挥洒自如、风趣幽默，可是一遇到上大课的时候，一看到有其他教师，特别是有学校领导在场听课时，我就感到恐惧万分。有时甚至从头一天晚上便开始感到不安，似乎觉得什么都不对劲了，虽然手里拿着教案，可我已什么都看不进去了……】①

以上是小学教师在教学生活中经常碰到的场景，虽然是很常见的听课时紧张的表现，却深层次地反映出如今教师心理压力之大与心理素质之脆弱。每个教师在教学工作与生活中总会碰到各种各样的困难、挫折，而坚韧性就是在人克服困难中集中表现出来的，这种困难包括内部的困难和外部的困难：内部的困难指来自于自身内部的心理和生理方面的障碍，如缺乏自信心等；外

---

① 转自俞劼：《实践取向——小学教师教育教程》，教育科学出版社2007年版，第71页。

部困难指不以主体意志为转移的来自客观环境的困难和障碍,其中包括自然环境、劳动条件以及来自社会、家庭和他人的外界干扰等因素。[①] 所以小学教师在面对繁重的工作生活压力时要拥有坚韧的意志品质,以从容应对生活中的压力及挫折。

平时,我们在朋友见面寒暄时或在贺年卡上写上"祝君心想事成","祝您万事如意",可人生不如意事十有八九:我们希望在成长和发展过程中有一个理想的条件,但事实上理想的条件是相对的,不理想则是绝对的;我们希望生活在一个良好和谐的人际环境中,希望保持心理平衡,天天有个好心情,但事实上平衡是相对的,不平衡是绝对的;我们都有各种各样物质和精神方面的需要,并希望满足自己的需要,可需要的满足只是相对的,不满足却是绝对的。这种由于各种干扰和影响而使得目标不能实现、需要不能得到满足的情境,在心理学上被称为挫折情境。人们遭受挫折后所产生的消极的情绪体验叫做挫折感,也叫心理挫折。心理挫折因需要不能得到满足而产生,又成为导致心理压力、引起消极情绪体验的重要原因。

面对挫折,无论一个人是愁眉苦脸,还是笑脸相迎,挫折不因你的感觉而变化。如果积极迎难而上,想方设法直面挫折,总比消极面对挫折带来的后果更理想。正如土壤中的一粒种子,倘若没有积极向上的精神,它永远没有重见天日的机会。挫折是造成教师心理压力的一个重要原因。因此,了解在挫折应对中的意志调控,对于压力管理是十分有意义的。

一、挫折反应

我们在遭受挫折后,必然会做出一定的反应,这类反应可以分为情绪性反应和理智性反应两大类。

1. 情绪性反应

个体受到挫折后伴随着强烈的情绪活动反应,如紧张、烦恼、焦虑等,多为消极性

---

① 转引自李虹:《教师工作压力管理》,中国轻工业出版社 2009 年版,第 161 页。

情绪。情绪性反应的形式很多,一般有攻击、退化、固执、幻想、逃避、自戕等。

★攻击

攻击是情绪反应最常见的形式,是我们受挫后发泄愤怒的过激行为。攻击可以是直接把愤怒发泄到造成挫折的人或物上,如直接动手打人;有时候由于不能直接攻击引起挫折的对象,便将情绪发泄到其他人或动物身上,称作转向攻击,如在单位受了气,但不好发作,回家后便向家人发火或者虐待小动物。对教师来说,攻击的表现则是因某件事情在校领导那里受到批评后,回到班级对学生发无名火,这不仅对学生伤害较大,对自己的威信也是一种损害。

★退化

退化是个体受到挫折后表现出与自己的年龄和身份不相称的幼稚行为。他们不能控制自己,而以简单、幼稚的方式应付挫折,表现出由成熟向幼稚倒退的现象。例如,当某教师得知自己评职称失败后,坐在地上嚎啕大哭。

★固执

固执是指当个体受挫后,不能根据实际情况调整自己的行为方式,仍然以刻板的反应方式,盲目地重复同样无效的行为。

★妥协

人在遭受挫折时会产生心理或情绪上的紧张状态,因此需要采取妥协性的应激措施以减轻紧张状态。妥协性的应激措施一般有以下作用:

第一,文饰作用。人们在受到挫折后会想出各种各样的理由原谅自己,或者为自己的失败辩解,这就是所谓的"找借口"、"怨天尤人"、"自我解嘲"。比如,因个人工作马虎、不负责任而出了事故,他却说是机器陈旧造成的,并非他的责任。一个教师因为教学成绩较差而没能评上优秀教师,他却说"我根本不在乎这个",这些现象在心理学上叫文饰作用,其作用是自我安慰。这有点像鲁迅所说的"阿 Q 精神",即精神胜利法。

第二,投射作用。一个人把自己身上存在的不良品质强加于他人身上就是投射作用的表现。把自己的不良品质投射到别人身上,会减轻自己的内疚、不安和焦虑,投射作用是一种无根据的反应。比如，一个人对别人有成见，却说别人对他有成见。

第三，替代作用。当个体所确定的目标与社会的要求相矛盾时，或者受到条件的限制而无法达到时，他会设定另一个目标取代原来的目标，这就是替代作用，也叫替代反应。"升华"是替代作用的一种主要表现形式。比如，人们在受到挫折后（在生活上遭受不幸），往往会在事业上取得突出的成就。所以，替代作用又称为"补偿作用"，即一个人在一个活动范围中遭受了挫折，便在困境中修改目标，从而"柳暗花明又一村"。

第四，自居作用。自居作用与投射作用完全相反，投射作用是把自己不良的品质强加给他人，自居作用则是把别人具有的、使自己感到羡慕的品质加到自己身上。这往往表现为模仿别人的言谈举止，以别人的姿态风度自居。比如有人把自己和在某项事业上获得成功的人物或有名望的集体单位联系在一起，从而求得一些间接的光荣，借以减少挫折的影响。显然，人们受到挫折后所产生的自居行为并不是坏事，它可以成为战胜挫折的有效措施。

第五，压抑作用。当一个人受到挫折之后，尽力压抑住焦虑、愤怒的情绪反应，努力表现得镇静自如、若无其事。这种做法虽然可以减轻焦虑，获得暂时的平静，但并不能从根本上解决问题。同时，情绪长期受到压抑，对人的身心健康也会产生很大的危害。

2. 理智性反应

理智性反应是指个体在受挫后审时度势，克服各种困难，坚持不懈地朝预期目标迈进。同时，理智性反应还表现在能客观地分析困难，适当地降低或修正目标。

★继续努力

这是最常见的处理方式，也是遭受挫折后的首选反应。表现为不轻易放弃既定目标，再接再厉，争取实现目标。

★调整目标

这也是一种理智性的反应方式。如果我们经过多次努力后，目标仍然遥不可及，那就需要重新审视自己的能力，实事求是地确定新的目标水平。

138

★替代行为

这是寻找新的目标来代替原有目标,借以补偿原有目标未能实现所造成的心理伤害。尤其是当实践表明,有些教师的原有目标的确无法达至时,更换目标是一种降低挫折感的可行方法。

二、面对挫折,我们需要什么

近年社会上非常流行"心理弹性"、"挫折忍耐力"等词,在心理学上则称为挫折容忍力(frustration tolerance)。它是个人面对丧失、困难或逆境时能承受精神上打击的程度,是摆脱和排解困境而免于心理或行为失常的有效应对和适应能力,是意志坚韧性的一个重要指标。

图6-1 太极图

提高挫折容忍力的方法就是增高挫折感阈限,即把面前的困境不当作困境,而是一种挑战,这需要我们在认知方面对压力和挫折有更深的、更积极的认识。任何事物都有它的一体两面性,就如同太极图,你可以专注于黑色部分,也可以专注于白色部分。

所有的经历,无论顺境或者挫折,都会成为我们人生全景的一幅幅拼图,不到最后,谁知道会拼成一幅怎样的图案呢?如果换一种积极的思维方式去思考问题、解决问题,就有可能走出固有的、消极的思维定势,就可以看到许多别样的人生风景。

挫折容忍力的大小,取决于四种因素的影响:

1. 个人生理条件。比如有没有高血压、心脏病,对挫折的承受能力就大不相同。俗话说"身体是革命的本钱",良好的生理条件不仅是我们工作的物质条件,同时也是我们抵抗压力的重要内在条件。拥有健康的体魄,就能增强机体的抗病能力,精力充沛,提高工作效率,从而更好地应对生活、工作压力。

2. 过去的生活经验。经历磨难的人比一帆风顺的人容忍力更大。

【有一位赫赫有名的集团老总,农民出身,种过田,开过拖拉机,四十岁只身下海,从做小本生意开始,在短短的十年里,把自己的一家手工业作坊发展成了资产达亿万元的私营企业。记者采访他的时候说道:"如果你出生在城市,受到良好的教育,有稳定的生活环境,你现在的成就可能会更大些。"他回答说:"也许可能。但是,我相信,如果我不生长在农村,没有经受过那么多的失败和苦难,而像其他人一样有衣穿,有房住,有人看得起,我会心安理得地过下去,绝不会开办自己的家庭作坊。从这个意义上来说,我要感谢生活,感谢苦难。"】①

3. 人们对挫折的主观判断,包括对程度、性质的判断,会影响挫折容忍力。

【有两个秀才一起去赶考,路上,他们遇到了一支出殡的队伍。看到那一口黑乎乎的棺材,其中一个秀才心里立即"咯噔"一下,凉了半截,心想:完了,真触霉头,赶考的日子居然碰到这副倒霉的棺材。于是,心情一落千丈,走进考场,那个黑乎乎的棺材一直挥之不去,文思枯竭,果然名落孙山。另一个秀才也同时看到了,一开始他心里也"咯噔"了一下,但转念一想:棺材!噢,那不就是有官又有财吗?好,好兆头,看来今天我要鸿运当头了,一定高中。于是,他心里十分兴奋,情绪高涨,走进考场,文思泉涌,果然一举高中。回到家里,两人都对家人说:那棺材真的好灵。】②

由于案例中两个秀才对同一个棺材带来的兆头理解不一样,接下来的行动不一样,当然结果也就不一样。生活中,困难挫折处处有,若把它作为障碍负担会让人心力憔悴;若看作是锻炼自己的机会与跳板,则会换一种迎接挑战的心态,战胜挫折,获得信心与胜利。

4. 个人的理想、信念、世界观影响我们的挫折容忍力。我们知道乐观主义是健康

---

① 转引自李虹:《教师工作压力管理》,中国轻工业出版社 2009 年版,第 166 页。
② 转引自伍新春、张军编:《教师职业倦怠预防》,中国轻工业出版社 2009 年版,第 138 页。

的、能防御不良压力的。习得性乐观是一种思维方式,它把成功解释为内在的、永久性的和普遍的,而把失败解释为外在的、暂时的以及一定范围内的。[①] 习得性乐观主义是一种重要的人格特质,它不仅能带来令人满意的生活,还能降低因日常生活的烦恼或重大生活事件所引起的不良压力的可能性。也就是说,拥有乐观的心态,挫折容忍力也就会提高。

三、百折不挠,坚持不懈

在挫折与失败面前,可以有两种选择:一种是浅尝辄止,无功而返;另一种是百折不挠,坚持不懈。不管是哪种选择都是有利有弊。选择前者,可以少碰钉子、减少挫折,避免产生心理问题,但是成功的机会却因此而减少了不少;选择后者,可以大大增加成功和自我实现的机会,但是你得时刻准备吃苦头、碰钉子,也有可能产生心理问题。

1. 学会看清全局

即明白"吃一堑,长一智"的道理,认清自己改变局面的能力,人生路上"失败乃成功之母"是亘古不变的道理。

2. 要有承担责任的能力

即"好汉做事好汉当"的责任心与勇气,泰山压顶不弯腰的气概。在教学工作中我们若碰到业绩压力、升职压力等,应当把这些压力看作是教师职业生涯中挥之不去、每个教师都会碰到的难题,而应对这些压力是我们不可推卸的生活责任。

3. 学会承担后果

"种瓜得瓜、种豆得豆"的不怨天尤人的自然心态,意识到自己的付出是有回报的,当面对压力付出坚强意志时,压力不再是困扰我们的障碍,反而有更多的动力。从而在以后的路上掌握应对压力的方式,取得更大的成就。

[①] 转引自[美]谢弗尔:《压力管理心理学(第4版)》,中国人民大学出版社2009年版,第182页。

4. 学会忍耐

忍字头上一把刀,这句俗话说出了忍耐所需付出的坚强意志,而"山重水复疑无路,柳暗花明又一村"也道出了忍耐的价值,所以我们要有"不至山穷水尽,绝不轻言放弃"的坚强决心。孟子说:"天将降大任于斯人也,必先苦其心志,劳其筋骨,饿其体肤,空乏其身。"能在各种困境中忍受屈辱是一种能力,而能在忍受屈辱中负重拼搏更是一种本领。小不忍则乱大谋,凡成就大业者莫非如此。

(四)受挫后的快速恢复

人生在世,难免受挫。"重新收拾旧山河",常用的挫折心境调节方法有如下几种:

1. 自我安慰

当自己真正的需求无法满足时,为了解除内心的不安,可编造一些合理的"理由",以消除紧张,减少压力,保护自己不受伤害。这是一种自我防御措施,其实就是通常所说的"酸葡萄心理"。《伊索寓言》说,"狐狸吃不到葡萄,就说葡萄是酸的;只能得到柠檬,就说柠檬是甜的,于是便不感到苦恼"。下面提供两则自我安慰语供大家参考:

别总是自己跟自己过不去。学会自己欣赏自己,等于拥有了获取快乐的金钥匙,欣赏自己不是孤芳自赏,欣赏自己不是唯我独尊,欣赏自己不是自我陶醉,欣赏自己更不是固步自封……自己给自己一些信心,自己给自己一点愉悦,自己给自己一个微笑,何愁没有人生的快乐呢?

不要过于计较别人的评价。没有一幅画是不被别人评价的,没有一个人是不被别人议论的。自己要是沉默,有人会指责"城府太深";自己要是善于健谈,又会有人指责夸夸其谈;自己要是赞美别人,有人会指责别有用心;自己要是进行善意的批评,有人更会暴跳如雷,认为你在多管闲事。光看别人的脸色,自己还活不活? 要拥有自我,又不囿于自我。

2. 宣泄法

受挫后,我们心中充满了苦闷,这时可以向信任的人倾诉;或是在适当的场合痛快地大哭或大声喊叫。但是要注意,发泄并不是把怨气和怒气撒在别人身上,而是要重新梳理,重新认识。

3. 补偿法

当我们在一方面受挫时,可以用另一个可能成功的目标来补偿替代。正如西方谚语所说:"当上帝给你关上一扇门的时候,他一定给你打开了一扇窗。"

4. 自我暗示法

暗示有一种神奇的力量,如果有人当面赞美你,那么,你往往感觉那一天都是美好的。但是,你还是你,并没有发生什么本质上的变化。称赞让你觉得自己真的很不错,这其实就是最常见的一种心理暗示。如果我们在逆境中对自己进行积极的心理暗示,不但对自己是一种鼓励,而且也能增强克服困难的信心。"我有信心对付各种挫折"、"生气是对自己智慧的侮辱,焦急是对自己无能的惩罚,而且无助于事情的解决",这两个暗示语结合起来运用会起到很好的效果。

【有一位年轻歌手被邀请去试唱,她一直期待着这次面试。由于前几次她心里一直担心失败,所以在试听时不能充分发挥自己的真实水平。这个女歌手嗓音很好,但她常对自己说:"我唱的他们不一定喜欢吧?我就试试看,但我还是担忧。"她的潜意识接受了这些消极的暗示,并在适当的时候做出了反应。这些偶然的或无意识的消极暗示被感情化和主观化了。后来她将自己关在屋内,坐在沙发上,让身体完全放松,闭上眼睛,让心情静下来。因为身体的放松状态对潜意识的顺从和接受暗示是有益的。她静静地默祷:"我唱得很优美,我会很沉着,很自信。"她带着表情慢慢地重复多次。晚上睡觉前也重复这样的默祷,一天这样重复三次。一周后,她信心十足地参加试唱,结果唱得很成功。】

5. 寻求社会支持

当我们遭遇重大挫折时,家人和朋友会与我们站在一起,给我们温暖和力量,所以,遭遇挫折时,我们可以从亲人朋友那里寻求帮助。他们适当的帮助,可以使我们更快地走出阴影。

第三节

授之以"渔"
——意志调控的心理训练

【某小学要对新教师进行考核,这是一个比较重要的考试,所有的新教师除了要面对一天好几节课的备课以及上课的任务外,更要拿出一部分时间来准备这个重要的考试。小王把这次考核视为一个挑战,他认为战胜这个挑战的唯一途径是:投入进去,把它视为一种对自己能力的训练,集中精力并且合理地安排时间。而新教师小李却对这些繁重的准备工作嗤之以鼻,他感到非常无助、沮丧,并且认为学校是在故意刁难新教师,但同时却把时间耽搁在看电视上。】

这一案例说明我们认为有不良压力是因为我们对压力的诠释是消极的、负面的,当我们积极对待挑战时,它就会给自己更多的成长空间。

一、将自我对话转变为积极的力量

自我对话是生活中必要的内容,当我们清醒的时候可以做到毫无保留地自我对话。① 我们可以连续地思考,考虑我们接下来该做什么,刚才做了什么,现在的感觉如何,别人是怎么评价我们的,我们应该怎么处理即将发生的问题等。真正的自我对话既占用我们的思维和时间,同时也影响我们的情绪和身体状态。

自我实现是自我对话中和我们的压力有关的一部分。如果你感觉对方是自私的、不可信的,那么,自私和不可信就是你从别人那儿得到的东西。同样,如果你对自己有信心,感觉自己能完成手边的任务,那么你就可能很自信并且不焦虑,从而获得成功。所以当事情没有按照我们期望的方向发展时,我们不要责怪自己,否则我们就可能身陷抑郁的掌控之中。

这里有许多现实的自我对话的事例,一旦具有潜在压力的情境出现时,或许会有助于我们去应对。

1. 一切都会过去,明天会更好。

2. 我是一个有价值的人。

3. 我基于经验和能力,我在尽力而为。

4. 和任何人一样,我也会犯错误。

5. 事情会按它的自然规律发生。

6. 我已经很不错了,同时我会继续努力的。

7. 没有失败,只有不同程度的成功。

8. 我真实地对待自己。

9. 我认为短暂的不安感觉我能很好地适应。

10. 我相信我不是绝望的,我要尽可能地采取措施来渡过难关。

11. 我要勇于面对困难,不会在困难中退缩。

12. 这是个机遇而不是威胁——能学到新东西、改变方向或是尝试一种新方法。

13. 循序渐进,慢慢来。

---

① 转引自〔美〕谢弗尔:《压力管理心理学(第 4 版)》,中国人民大学出版社 2009 年版,第 288 页。

14. 人人都不一样,即使他是个难以应付的人,我仍然冷静对待。

15. 我相信无论发生什么我都会是完好的。

16. 我要让他感觉到我的反应。

17. 这种困境只是暂时的。

18. 这种不愉快的情境仅仅是令人不愉快——而不是令人恐惧。

19. 在某一个时间段里我能扛住任何困难。

20. 这个事情从长远的角度看是有意义的。

21. 这是不是真正值得烦恼?

22. 在这种情况下我确实无需证明我自己。

23. 我的反应要尽量适度。

24. 不为小事着急,这些都是小事。

二、五步坚定训练

在教学工作中我们经常碰到难题或困难,这时候我们最常见的情绪反应是气馁与无助。而这种反应对于解决问题却于事无补,如何在遇到困难挫折时给自己鼓励,我国学者李虹曾提出了五步坚定训练法。[①]

1. 陈述:我在 A 这件事上遇到了难题,我做不到 A。

2. 改写:到现在为止,我还没有做到 A。

3. 原因:因为过去我不懂得(   ),所以到目前为止,我没能做到 A。

4. 假设:当我学会(   ),我便能做到 A。

5. 行动:我可以去学(   ),我将会实现 A。

------

① 转引自李虹:《教师工作压力管理》,中国轻工业出版社 2009 年版,第 168 页。

案例

考取驾照

1. 陈述：我驾照的考试又失败了，我真没用。

2. 改写：到现在为止，我还没有考取到驾照。

3. 原因：因为过去我没有认真练习，所以我没过关。

4. 假设：当我驾车能轻车熟路后，我就能考取驾照过关。

5. 行动：这几个月我努力练习驾车，同时请教练多多辅导，那年终的驾照考试我就能通过了。

三、格言激励

可以重组自我对话来发展我们的意志力，将其写在一张卡片上，记住并重复它，然后使它们成为思想中很自然的一部分。

1. 我能接受挑战并不断进步。

2. 这是个机会而非威胁。

3. 当我需要时我就能通过。

4. 我能做好任何我下定决心去做的事。

5. 我是个特别的人。

6. 我拥有自信。

7. 我喜欢现在的我，而且我一直都在向更好的方向发展。

8. 我能控制事情的发生。

9. 我具有的天赋和技巧超过了在我身上已经发现了的。

10. 我精力充沛，充满生命力。

11. 我是个积极的人。

12. 我能在压力下不断进步。

四、音乐励志

　　一段好听的音乐,总是能在某一个时刻触动心灵深处那根隐藏最深的弦。音乐不仅能够影响人的情绪,而且不同音乐对不同的疾病也具有一定的治疗作用,现在世界上大多数医生对此已深信不疑。心理学普遍认为音乐对减轻压力有助益作用。在对压力的意志调控中,听音乐也是一个好的方法。走进音乐的世界,你会在和音乐的对话中学会独立,学会用自己的感受去激活生命。

　　若感觉压力较大时,可以唱上一段"他说风雨中这点痛算什么,擦干泪,不要怕,至少我们还有梦"。目前,京剧已经走进校园,教师可以和学生们一起学唱京剧沙家浜选段《要学那泰山顶上一棵松》。学会以后,遇到意志消沉、动摇的时候,唱上几次会对坚定意志起积极作用。

第七章

没有最好，只有更好
——培养健全人格

在压力重重的环境中有些老师生龙活虎、充满激情；而有的则萎靡不振、情绪低迷，是什么因素致使人们处理压力的能力有差异呢？一般认为下列因素与此相关：生理因素、人格因素、个人认知、工作经验、社会支持等。其中人格因素又是最为关键的。

人格是什么？你具备健康的人格吗？健康人格的标准是什么？为了培养健全的人格，我们要坚定自己的追求，并完善自我，要正确认识自我，正确评价自我，积极悦纳自我，并要有正确的人生观、价值观，有计划地进行自我修养。

面具下的暗流涌动
——人格

"人格"一词来源于拉丁语 Persona,意指古希腊罗马时代的戏剧演员在舞台上所扮演角色的种种行为的心理活动表现。人格是什么？对于这个问题,不同学者有着不同的看法。黄希庭先生认为:"人格是个人的思想、情绪及行为的独特模式,并综合诸多足以影响个人的各种与环境交互作用的过程,包括与生物学的、发展的、认知的、情绪的、动机的和社会的种种交互作用,进而对现实生活中的个人作整体性的解释。"这一定义具有综合性,它反映了人格具有社会性、整体性、独特性、稳定性和可变性等特点,也可以说,人格是由各个相互联系的成分构成的多层次、多侧面、多水平的内在统一整体。

一、教师人格内涵初探

作为教师这一特殊的职业,弗洛伊德曾从文明传递的角度探讨教师的作用,认为学生是以教师的超我为模仿对象来发展自己的超我,其发展情况决定着学生如何对本我追求快乐和自我崇尚现实做出某种限制,从而使自己的行为符合社会道德、伦理规范。而对于面对众多儿童的小学教育工作者,更要求小学教师必须具有良好的人格特质和特有的行为规范。

所谓教师人格,即是人格在教师这一职业中特殊要求的体现,是教师为胜任其本职工作所必须具备的良好的性格特征、积极的心理倾向、创造性的认知方式、丰富的情感、坚强的意志、高尚的道德品质、规范的行为方式等人格特征的综合体。

二、探寻人格的路径

(一)日常观察

在日常交往活动中可以从人的面部表情、身体姿态和言语表现分析一个人的人格。

1. 从面部表情观察人格

人的面部最能反映一个人的心理特征。面部表情可以表现喜、怒、哀、乐、恶、憎、悲、惊等多种情绪情感,以及肯定与否定的态度,还可以表现坦率与真诚、坚强与怯懦、沉着与急躁等性格特点。表达面部表情的语言也非常丰富,如面善、面红耳赤、面如土色、笑面虎、嬉皮笑脸、面目皆非等。这些面部表情提供的信息,使人一下子就能抓住某些人格特点。

2. 从身体姿态看人格

在生活中,我们往往把装模作样、故作姿态的人视为矫揉造作的人;把摇头晃脑、昂首挺胸、趾高气扬的人看作傲慢的人;把卑躬屈膝、脸上堆满奴颜婢膝笑容的人视为典型的谄媚者;把躬身俯首、力求表现、不耻下问的人看作谦虚的人。

3. 人格在言语中的表现

言语是人进行思考的最有效的武器,也是个人用以表达思想、情感的工具。在口头语言方面,一个人说话多少,用什么方式说话,言语的风格如何,说话的内容真诚与否,都可以表现其人格特征。一个人言语和行为是否一致,也可以表现出人是诚实的还是虚伪的。

(二)人格测验

人格测验是用测验的方法,测查一个人在一定情境下,经常表现出来的典型行为模式和人格品质。在人格心理学中所运用的测验有许多种,最常用的有自陈量表和投射法两种。

1. 人格问卷测验

人格问卷测验是测量人格特点的一种纸笔测验方法,用于被试自己作答,又称为自陈量表。这种量表多采用客观测验的形式,设计出一些陈述句或问题,要求被试做出是否符合自己情况的回答。

人格测验的量表很多,较常用的有,明尼苏达多项人格量表(MMPI)、加州心理量表(CPI)、卡特尔 16 种人格因素量表(16PF)、爱德华个人爱好量表(EPPS)、艾森克人格问卷等。这些量表大都已被译成中文并进行了相应的修订。

2. 人格投射测验

投射测验是一种结构不明确的测验。所谓投射,就是指个人把自己的思想、态度、愿望、情绪或特征等不自觉地蕴涵于外界的事物或他人的一种心理反应。其中最著名的投射测验即罗夏墨迹测验。

罗夏墨迹测验由瑞士精神病学家罗夏(H. Rorschach)于 1921 年设计,是通过对标准化的刺激场合进行反应的观察来预测或推断被试在

图 7-1　罗夏墨迹测验举例

其他场合的行为模式。测验通过让被试在不知不觉中,从一滴墨水中或在欣赏一幅图画中流露出思想情感和对事物的态度,根据他的反应来分析、判断受试者的人格特征。

第二节

臻于完美
——健全人格要旨

健全人格是人格中各种积极特征的有机整合,与个人世界的和谐发展互为因果。拥有健全人格的教师,乐于学习和工作并不断地吸取新经验;有良好的团队精神和人际关系;对自己有正确全面的认知,能实现自知、自尊和自我悦纳;能以辩证的态度看待生活中的逆境和压力,积极地调控情绪并保持良好心境。

一、心理学家有关健全人格的标准

(一)成熟者

美国人格心理学家奥尔波特在哈佛大学长期研究高心理健康水平的人,把他们称作"成熟者",并从他们身上归纳出七个特点:

1. 有自我扩展的能力;

2. 与他人热情交往,关系融洽;

3. 情绪上有安全感,自我接纳;

4. 具有现实性知觉;

5. 客观地看待自己;

6. 有多种技能，并专注于事业；

7. 行为的一致性是其人生哲学。

（二）自我实现者

美国人本主义心理学家马斯洛，对"自我实现者"进行了深入研究。发现这些人都满足了自己自我实现的需要，所有的能力都得到了运用，所有的潜能都得以发挥。马斯洛从"自我实现者"身上归纳出 15 种特点：

1. 能充分地、准确地认识现实；

2. 对自己、对他人、对整个自然能够做到最大限度的认同和接纳；

3. 有自然、朴实和纯真的美德；

4. 经常关注社会上各种疑难问题；

5. 喜欢独处，有超俗的品质；

6. 独立自主，不受文化和环境的约束；

7. 高品位的鉴赏力；

8. 常有高峰体验；

9. 能建立持久的友谊；

10. 民主的价值观；

11. 明确的伦理道德标准；

12. 不带有敌意的富有哲理的幽默感；

13. 有创造性；

14. 不消极地适应现存的社会文化类型；

15. 以问题为中心，而不是以自我为中心。

（三）功能充分发挥者

美国人本主义心理学家罗杰斯认为，"功能充分发挥者"在许多方面像是一个婴儿，这是一个纯洁的自我，真正的善。认为幸福不意味一个人所有生物需要都得到满足，如财产和地位。幸福的真谛在于积极参与实现的倾向，在于持续的奋斗，而不是它的结果。罗杰斯把"功能充分发挥者"概括为以下五种特征：

1. 他们的社会经验都能正确地、符号化地进入意识领域；

2. 协调的自我；

3. 以自己的内在评价机制来评价经验；

4. 自我关注；

5. 乐意给他人以无条件的关怀，能与其他人高度协调。

（四）"创发者"

美国心理学家弗洛姆认为，每个人都有充分利用自己潜能成长和发展的固有倾向，之所以更多的人未能达到心理健康的状态，是由社会本身压抑或制度不合理造成的，病态的社会产生了病态的人格。他强调社会变革是产生大量健康者或"创发者"的唯一途径。

"创发者"可以使用自己的所有力量、潜能和能力。弗洛姆从爱他人的能力、思维能力、幸福和良心四个方面考虑"创发者"的特点：

1. 创发性爱情。创发性的爱情是一种自由、平等的关系，在这种关系中，相爱的双方都可保持他们的个性。

2. 创发性思维。创发性的爱会使人意识到与被爱者有密切关系，意识到关怀被爱者。创发性思维则会使人真正意识到与思维对象的关系，意识到对思维对象的关心。

3. 有真正的幸福体验。这里的幸福不只是愉快的体验,而且是一种生机盎然、充满活力、身体健康和各种潜能都得到实现的状态。

4. 以良心为其定向系统。"创发者"有一种特殊的良心,弗洛姆称之为"人本主义"良心。支配心理健康者的人本主义良心引导人们以一定的行为方式,实现个性的充分发展和表现,并使人获得幸福感。心理健康者也是自我定向者,是自律的。[①]

二、健全人格的本质

健全人格是各种人格特征的完备结合。根据国内外的研究,可以从以下三个方面概括健全人格的特点。

第一,内部心理和谐发展

人格健全者的需要和动机、兴趣和爱好、智慧和才能、人生观和价值观、理想和信念、性格和气质都向健康的方向发展。他们的内心协调一致,言行统一,能正确认识和评价自己的所作所为是否符合客观需求,是否符合社会道德准则,能及时调整个体与外部世界的关系。一个人如果失去他的人格内在统一性,就会出现认识扭曲、情绪变态、行为失控等问题。

第二,正确处理人际关系

人格健全者在人际交往中显示出自尊和他尊、理解和信任、同情和人道等优良品质。友谊使人开朗、热情和坦诚。而缺乏友谊的人,在情绪上往往有很大困扰,轻则产生恐惧、焦虑、孤独等消极感受,重则产生怀疑、嫉妒、敌对、攻击等不良心态和行为。对那些嫉妒心强的人,很难想象他们能在互惠的基础上与人合作;傲慢自大的人也绝不会虚心地倾听别人的意见。人格健全者在日常交往中既不随波逐流,也不孤芳自赏,能够使自己的行为与朋友、同事、学生协调一致。

第三,将智慧和能力有效运用到能获得成功的工作和事业上

---

① 高玉祥:《健全人格及其塑造》,北京师范大学出版社 1997 年版,第 14—16 页。

人格健全者在学习、工作中被强烈的创造动机和热情所推动,并能和自己的能力有效地结合起来,从而使他们勇于创造、善于创造,经常有所发现、有所革新、有所建树。他们的成功,往往又为他们带来满足和愉悦,并形成新的兴趣和动机,使他们的生活内容更加充实。

教师健全的人格是良好的教育手段。教师要培养学生的健全人格,就要首先塑造自己的健全人格,通过自己的高尚道德影响学生,以积极的情感感染学生,以突出的智慧、学识吸引学生,以出色的能力教育学生。通过与学生的交往,心灵的沟通,情感的交融实现育人的目的。而要达到"通"和"融"的前提便是学生对教师所进行的教育的认可,只有这样,教育才会发挥效力。在众多因素中,最有影响力、吸引力和说服力的就是教师的人格力量,它为学生提供了学习模仿的榜样,对学生具有直接、间接、潜移默化的影响作用。

塑造教师的健全人格也有利于教师自身的发展。教师的健全人格有助于教师正确认识自己,挖掘自身的心理潜能,努力拥有心理健康者的特征,寻求心理健康所需的环境条件,增强心理适应能力,以使自己能更愉快地工作、更幸福地生活。

第三节

你我都能做到
——塑造完美人格

塑造健全人格的方法可谓仁者见仁、智者见智。人格是遗传素质、环境与教育、个人努力等多方面因素的"合金"。人格塑造不是零打碎敲能形成的,必须注重整体协调发展。从外部条件来说,应优化人格环境,将人格成长的社会环境、文化环境、教育环境转化为适于人格成长的心理环境。更重要的是要通过教师身心的修炼、潜能的发挥、价值的追求、素质的全面提高等来达到人格的健全或完善,即保持人格的完整、统一,使人格结构不断发展和完善。教师塑造健全人格的过程,就是提高自身素质的过程。教师可从以下几个方面塑造自己的健全人格。

一、坚定自己的追求

美国短篇小说家欧·亨利曾写过这样一个故事:琼西患了重病,医生说她将不久于人世。当时正值深秋,院里的常青藤开始落叶。琼西相信,当窗外的常青藤上最后一片叶子落下,自己的生命也就该结束了。她数着日渐减少的叶子等待死亡的来临,奇怪的是,最后一片叶子怎么也不肯落下,琼西就望着那最后一片叶子坚定了活下去的信念,并最终战胜了病魔,而实际上,最后一片叶子是画家画上去的,是信念成了支撑了琼西的生命之柱。信念的力量如此之大,令人震撼,正如黑人领袖马丁·路德·金所说的:"这个世界上,如果你的信念还站立着的话,就没有人能够使你倒下。"信念作为个人心理系统的成分之一,它能激发人的潜能和调节人的心理过程,能给人极大的精神动力以抵抗工作压力,有助于身体健康,并使人的心理世界更加美好、和谐。

(一) 树立积极的信念

面对半杯茶,有人可能会想:"糟糕,就剩下一半了。"而有些人则会想:"太好了,还有一半。"同样是半杯茶,不同的态度和看法就可以导致两种截然不同的人生。

信念对教师的影响是深刻而长远的,它影响教师的价值观、世界观和对周围环境的看法。信念是受文化制约的,形成于个体的早期生活,并且一经形成则难以改变。小学教师的信念可能在读师范时就已形成。信念与我们已经掌握的知识密切相关,它提供了一个有效的过滤器。我们对某一领域或某一主题的信念不仅相互关联,还会与信念系统的其他核心方面相联系,如我们对待世界和周围环境的态度和价值观。

从某种角度上看,教师的教学过程实质上是教师人格的自我展示。学生在受到教师传输的知识内容的影响之前就能感受到教师的自信、自尊方面的特点,因为缺乏自尊的教师很难帮助学生建立自尊。在保持尊严、尊重别人方面同样如此。如果教师不能接受某个学生,这个学生也就很难接受自己。而教师在传递自信的同时,也可以鼓励学生用积极言语表达自己的想法和观点,如:我要考全班第一名。与"以学习者为中心"的理念并行的是,在每一个教学活动中,教师都把自己看作一个独立的个体。因此,教学活动不仅仅是以学生为中心,而且是以人为中心,这样一种教学相长的教育理念,可以帮助教师在开展教学活动的同时,发展和完善自我。

（二）理想与信念的完美结合

理想是人们的奋斗目标，是人们前进的动力。它来源于现实，与一味地空想不同。空想是一种消极的、与生活实际相脱离的想象，如塞万提斯笔下的堂吉诃德，为了追寻旧日骑士的风采，提起剑与风车拼杀，惹了笑话，没有任何的现实意义，更没有美梦成真的可能性。而理想是建立在对客观事物发展规律的认识之上的，因而必须有正确的信念做支持和指引。任何一个成功者，都会将其理想与信念紧紧地结合在一起。

司马迁遵从父亲遗嘱，立志要写成一部能够"藏之名山，传之后人"的史书。然而灾难的降临总是出乎人的预料。天汉二年(公元前99年)，李陵抗击匈奴，兵败投降，朝廷震惊。司马迁认为李陵投降出于一时无奈，为之求情，汉武帝勃然大怒，将司马迁下狱，并在天汉三年下"蚕室"，受宫刑。这对他是极大的摧残和侮辱。司马迁想到了死，但又想到著述还没完工，于是本着"人固有一死，或重于泰山，或轻于鸿毛"的信念，决心"隐忍苟活"以完成自己的宏愿。经过十年的辛勤写作，终于在忍辱发愤的境遇中完成了《史记》这部鸿篇巨制。

理想是弥足珍贵的，但从理想到现实，却需要经历一条曲折而漫长的道路，需坚定自己的目标，从信念中获得勇气和决心，行动起来，最终美梦成真。小学教师要多向榜样学习，在我们身边，有许多老师都是非常优秀的，他们的许多理念和方法都是值得借鉴和学习的，所以说我们应该鼓励其他教师向他们看齐，当然这并不是要求他们照搬照抄这些老师的行为，而是学习他们的教学理念，并从自身的实际出发，找到一条适合自己的通往理想的道路。

二、自我的完善和超越

（一）自我意识

自我意识是一个人对自己作为一个独特存在的个体的认识，是指个体对自己的认识和态度,它是人的意识的最高形式,是人类意识与动物心理的最后分野。成熟的自我意识体现在能出色地了解自我、体验自我和调控自我。良好的自我意识对小学教师的心理健康具有重要意义,直接影响着他们的心理生活、行为表现、人际协调、社会适应等各个方面。

有正确自我意识的教师,能恰当地评价、接受自己和他人,能控制和掌握自己的命运。库姆斯在其著作《教师的专业教育》中曾归纳出优秀教师看待自己的方式:[①]

1. 认为自己能与他人打成一片,而不是与人疏远、隔阂。

2. 认为自己胜任工作。

3. 认为自己可靠。

4. 认为自己是人们所期盼的人。

5. 认为自己是有价值的。

另外,优秀教师对他人的认识也是非常积极的,具体表现在:

1. 对别人(学生、同事、家长及管理者)持更为肯定的态度。

2. 认为他人是友好的,有自己的权利。

3. 对民主的课堂秩序持更为肯定的看法。

4. 能从别人的角度看问题。

5. 认为学生只要得到信任、尊重和肯定,就可能把事情做好。

这些对自己和对他人的积极认识,正是教师健全人格的有机组成部分。具有健全人格的教师一般能实事求是地进行自我分析,做出恰当的自我评价,能客观地把握自己的角色,明确自己的长处与短处、优势与劣势,形成主观自我和客观自我相统一的自我形象,即全面地了解自我。

具备健全人格的教师能通过积极的自我感受形成适度的自爱、自尊、自信、自强等心理品质,有强烈的责任感、义务感和使命感,自觉根据自己职业信念激励自己,对自己献身的职业充满自豪感和荣誉感,即积极的自我体验。

---

① 转引自邢少颖等:《试论教师完美人格的塑造》,《教育理论与实践》,2001 年第 1 期,第 57 页。

具备健全人格的教师善于进行自我调节以适应工作环境,善于进行自我批评,能"见贤而自省",看到不同的人和事能主动地对照自己、反省自己;能不断调整自己的思想和行为,容易服从团体的正确规范和他人的正确意见,善于进行自我更新;能自觉抵制各种不利因素的刺激和影响,既能使自己的情绪冲动和行为限制在合理的范围之内,又能通过自我疏导从矛盾冲突中解脱出来,有效地调控自我。

(二)如何提高自我意识水平

1. 正确认识自我

"人贵有自知之明",良好的自我意识首先来自于正确的自我认识。自我认识,是指主体我对客体我的认知和评价,即自我认知和自我评价。自我认知是自己对自己身心特征的认知,自我评价是在自我认知的基础上对自己做出的某种判断。自我认识力求解决的主要问题是"我是一个怎样的人"和"我能成为一个怎样的人"。

(1)提高认识自我的积极性

每一个人都应该把认识自己作为终其一生的任务。如果一个人从来没有认真思考过自我,分析过自己,他就如同生活在迷雾中一样,无法主宰自己的命运。因此,我们要意识到认识自我的重要意义,提高认识自我的主动性和积极性,把了解自我当作人生中的一件重要事情来完成。

(2)拓宽自我认识的途径

人的自我认识主要通过以下途径获取:第一,通过对他人的认识来认识自己;第二,通过别人对自己的态度和评价来了解自己;第三,通过对自己的活动表现及成果来认识自己;第四,通过与他人的比较来认识自己;第五,通过自我比较来认识自己;第六,通过自我反思来认识自己。要综合多种渠道的信息,找到多种参照系,从而对自己有全面的了解。

2. 正确评价自我

在正确认识自己的基础上,要学会正确评价自己,既看到自己的优点,也承认自己的不足,不要盲目和别人比较。有的老师看不到自己的长处,夸大了自己的短处,而且总是拿别人的长处和自己的短处比,越比越没有信心。其实,世界上没有十全十美的人,每个人都有长处,也都有不足,正所谓"梅须逊雪三分白,雪却输梅一段香"。只要能意识到自己的不足并努力去弥补即可,完全没有必要因此而看低自己。

要正确对待他人的评价。他人的评价是认识自我的一面镜子,但一个人不可能满足周围所有人的要求。如果自己的行动完全取决于别人的看法,那么一旦失去别人的赞许,就会感到自己一无是处。小学教师面临来自领导、同事、学生、家长及亲朋好友等多方面的评价,有正面的,也有负面的,每个人的评价也有可能不一致,这就需要自己客观看待。

3. 积极悦纳自我

自我悦纳是指对自己的本来面目抱有认可、肯定的态度,同时相信自己存在的价值,认同自己的能力。自我悦纳是自我体验的关键和核心。如果一个人能以积极的态度接受自我,就会获得自尊和自信;反之,以消极的态度拒绝自我,就会容易形成自卑心理。自我体验是自我意识的情感成分,是主我对客我所持的态度,如自尊、自信、自卑、自豪等,它涉及到的问题是"是否满意自己"、"是否接受自己"。

有不少小学教师由于各种原因不能接受自己,产生了一些自卑心理。自卑是一种消极的自我评价或自我意识,是认为自己不如他人而产生的消极情感。从某种意义上说,自卑感人人都有,只是程度不同而已。适当的自卑可能成为激励我们前进的动力。但如果自卑感太强,就会危害我们的心理健康。

小学教师为什么会产生自卑感?

首先,小学教师的社会地位依然不太高。尽管这些年来已有较大的改善,但小学教师显然还不是一个人人都羡慕的热门职业,尤其是在经济欠发达地区或农村地区。

其次,社会的迅猛发展对小学教师的要求不断提高。面对这样的高要求,很多老师认为自己达不到,这直接冲击着教师的自信。随着现代信息技术的飞速发展,教师早已不是学生唯一的信息源,这使得教师的权威意识日渐失落,也加剧了教师的自卑感。

再次,小学生的发展参差不齐,容易影响教师自信。教师的最大自信来自于学生的成功,但学生的能力、兴趣、家庭情况各异,教师很难让每个学生都得到很好的发展。例如,有的教师说:"不管我如何努力,班上总有学不好的学生。每当这个时候,就觉得自己无能。"

同时,与其他职业相比,小学教师尚属于一个比较封闭的群体,与社会的联系较少。大部分教师生活在学生的世界里,与其他成年人交往和沟通比较少,交往能力和活动能力都受到限制,并且容易产生与社会脱节的隔离感,这往往使小学教师感到自卑。

上述因素主要是社会和职业所带来的,除此之外,教师的自卑还来自于各种各样的个人因素,有的因为形象不佳而自惭形秽,有的因为教学失败而灰心丧气,有的因为学历较低而觉得低人一等。消除自卑心理,悦纳自我可从以下几个方面努力。

(1)撕开消极的自我"标签"

我们随时随地可以听到类似这样的话:"我不行"、"我性格内向"、"我害怕与人交往"、"我年纪大了,记性不好"等等。其实,这些评语或结论都是我们自己附加的,心理学家称之为"自我标签"。现实生活中,我们很多人无形地给自己身上贴满了这种标签,严重束缚了自己的生活,导致自己不敢改变自己。很多时候,标签是一种不想改变的借口。年龄越大,自我标签越多,越不想改变自己。教师需要学会采用一些积极的词汇来描述自己。例如把"我不行"变成"我应该试试",把"我记性不好"变成"我应该尽最大可能记住它"等。

(2)欣赏自己的优点,接受自己的缺点

有些老师过分在乎别人的评价和看法,害怕在别人面前暴露自己的弱点,成天战战兢兢、疑神疑鬼,其根源就在于他还不接受自我。自信心首先源于对自我的接受,包括接受自己的缺点,欣赏自己的优点。如果自己都不接受自己,怎么期望别人接受你呢? 接受自己并不是意味着不去改变,只抱着"我就这样了,你能怎么着"的消极态度,而是在接受的基础上积极改变。一个哲人曾经说过一段话:"希望上帝赐予我平静,让我接受不可改变的事;希望上帝赐予我勇气,让我改变可以改变的事;希望上帝赐予我智慧,让我能够区分这两者。"但是现实中对于不可改变的缺陷如身高、长相、家庭出身等过分纠结的老师不在少数,而对可以改变的事如知识、能力等又缺乏足够勇气去改变,从而限制了自我的发展。

（3）悦纳教师职业

职业是个体社会性自我的重要组成部分。是否接受和认同自己的职业角色,直接影响个体对自我的接纳程度。作为小学教师,要积极悦纳自我,就需要认同自己的教师角色,理解这一职业的特殊意义,并能从这一职业中体验成功感和成就感。

教师角色意识的形成过程一般可以分为三个阶段:第一阶段是角色认知,表现为了解教师角色所承担的社会职责和行为规范,能够将教师所充当的角色与其他职业区分开来,懂得哪些行为是恰当的,哪些行为是不恰当的。在一个人正式成为教师之前往往就可以达到这个阶段。第二阶段是角色认同,表现为通过亲身体验接受教师角色所承担的社会职责,并用以控制和衡量自己的行为。对角色的认同不仅是在认识上了解了教师角色的行为规范,而且在情感上也有了体验。对教师角色的认同,是在一个人正式充当了教师这一角色后才开始逐步具有的。第三阶段是角色信念的形成,表现为将教师的社会期望转化为个体的心理需要。这时教师坚信自己对教师职业的认识是正确的,形成了教师职业特有的自尊心和荣誉感。

三、塑造完美的性格特征

（一）性格的内涵

性格是个人在对现实的态度和行为方式中表现出来的稳定的个性心理特征。比如一个人对自己担当的工作总是勤勤恳恳,善于克服各种困难去完成任务;对那些在工作中具有创新精神的同伴给予支持和赞许;对工作不负责任和完不成任务的人,勇于提出批评并给予热心的帮助。从一个人对他人、对劳动、对自己的态度和行为方式上的表现,可以看出他具有坚毅、勇敢、顽强和热情的统一风格,这些心理特征的有机统一就构成了他的性格。

性格不仅影响一个人的生活状况、婚姻家庭,也影响一个人的人际交往、职业升迁、商务活动、事业发展、经营理财等,性格决定一个人的成败得失,决定一个人的前途命运。对于小学教师,性格上的特点也深刻地影响着其职业生活。

表7-1 人们对各种性格特征的喜欢程度

特别令人喜欢的	真诚、诚实、理解、忠诚、真实、信得过、理智、可靠、有思想、体贴、可信赖、热情、友善、友好、快乐、不自私、幽默、负责任、开朗、信任别人
介于喜欢和不喜欢之间的	固执、循规蹈矩、大胆、谨慎、追求善、易激动、文静、好冲动、好斗、腼腆、猜不透、好动感情、害羞、天真、闲不住、空想、追求享受、反叛、孤独、依赖
最不受人喜欢的	作风不正、不友好、多嘴多舌、眼光短浅、粗鲁、自高自大、贪婪、不真诚、不友善、信不过、恶毒、虚伪、不老实、冷酷、邪恶、虚假、说谎、自私

一名优秀的教师应注意培养和拥有以下性格特征:

1. 独立

对于教师来说,他们首先必须有独立的性格。有这种性格的教师才能独立地开展教育教学工作。在处理问题时,都会独立地做出决定,胸有成竹地提出解决问题的方案;无论在什么情况下,都不张皇失措,在困难和紧迫的情况下,也能发挥自己的力量,他们从不轻易屈服于他人的权势。

2. 热情开朗

教育以人为对象,而做人的工作的第一条就是要有一颗热忱待人的心。教师只有热情开朗、朝气蓬勃,在教育工作中才能善于与人相处、与人为善,才能如春风般给人以温暖和关怀,进而教育学生;反之,教师如果养成悲观抑郁的性格,待人冷漠,缺乏同情心,学生就会疏远教师,师生之间就会筑起一道无法逾越的高墙。在这种情况下,教师不仅不能教育好学生，个人内心也会非常痛苦。

3. 耐心细致、沉着冷静

塑造人的灵魂是一项极其艰苦细致的工作。只有满怀爱心、富有耐心的教师才能担当此重任，才能诲人不倦，才能以坚韧的毅力和反复细致的工作去感化、教育学生。

4. 诚实正直、温和宽厚

鲁迅曾指出，伟大的人格素质，重要的是个"诚"字。诚实是正直的基础，是心灵美的核心。教师应有豁达开朗的心胸，对待学生能宽容仁厚。

（二）培养优良性格的有效途径

每一个教师都有自己特定的性格。对于不同教龄的老师来说，要有针对性地加强教师职业性格的培养与塑造：对从教不久的青年教师，要侧重于克服已有性格中的消极特征，如对教育工作时冷时热，处理学生问题简单、急躁，遇到挫折就灰心、苦闷等性格缺陷，加速对良好性格的同化；而对中、老年教师来说，要着重克服闭关自守、被动拘谨、清高孤傲等与时代要求不相适应的特点，培养具有开放、创新时代特征的性格，从而防止性格老化。

学校是社会大系统中的子系统，在思想、观念、科技等发展变化如此之快的今天，教师只有性格和时代合拍，才能不被外来的压力压倒。而良好性格的形成不是一朝一夕的，无论青、中、老年教师，都需要在长期的教学实践中加强自身性格的修养和磨练，这样才能使其得到优化或重塑。一般来说，教师优化自己的性格要注意几点：

1. 树立正确的人生观、价值观

教师性格与其人生观、价值观等社会认知系统有着紧密联系。人生观、价值观对教师性格的优劣有决定作用。教师要塑造自己良好的性格，首先要在树立正确的人生观、价值观上下功夫，要坚定献身教育事业的信念。

2. 培养坚强的意志品质

坚强的意志品质是教师性格的重要特征，这是由教师职业劳动的复杂性、艰巨性和创造性决定的。教师教育教学任务完成的过程,就是教师性格的意志特征形成与表现的过程。教师每上好一门课,每教育好一个学生,每转变一个落后班级,都要面临各种困难,花费大量心血,进行艰辛的劳动,没有良好的意志品质是难胜此任的。

3. 提升自我修养

提升自我修养要事先制定详细计划,要持之以恒,这是教师优化自己性格的基本途径。无论是正确人生观、价值观的树立,还是坚强意志的培养,对于教师来说,最主要的都是要靠自己平时的努力,靠通过有计划地自我修养来实现。教师只有善于不断地对自己性格特征进行自我分析、自我评价、自我扬弃,才能使性格逐渐达到完美的境界。俄罗斯著名教育家乌申斯基青年时期就重视从行为规范入手培养自己的性格,他为自己制定过包括绝对的平静,在言行方面要老老实实,行动时深思熟虑,每天晚上诚实地检查自己的行为等在内的九条规则。

由于性格是一个人思想、品德、知识、情操等多种因素的综合体现,教师可以有计划地从多方面加强性格的自我修养。如多读教育家的传记故事、文学作品以及其他历史、美学等优秀书籍,在广泛吸收丰富的精神营养的过程中来陶冶自己的性格。通过多参加一些有意义的活动,在活动与交往中"以人为镜"来调整改造自己的性格。

4. 把握性格的"度"

列宁曾经说过:"一个人的缺点仿佛是他的优点的继续,如果优点的继续超过了应有限度,表现得不是时候、不是地方,那就会变成缺点。"所以,把握好性格最佳"度",是教师塑造优良性格的重要准则。具体地说,教师要使自己的性格顽强而不顽固、果断而不暴躁、自信而不自负、谨慎而不拘泥、谦逊温和而不怯懦自卑、幽默风趣而不油滑庸俗、活泼大方而不轻浮放荡、善于言谈而不夸夸其谈等。

第八章

人心齐泰山移
——建立和谐人际关系

　　一个瑞典花草商人,千里迢迢从非洲引进了一种名贵的花卉,在自己的花圃里培育。商人对这种花卉爱护备至,许多亲朋好友向他索要,一向慷慨大方的他却连一粒种子也不给。他计划繁育三年,等拥有上万株后再开始出售和馈赠。第一年的春天,商人的花开了,花圃里万紫千红,那种名贵的花开得非常漂亮。第二年春天,这种名贵的花繁育出五六千株,然而他发现,今年的花没有去年开得好,不仅花朵小,而且还有些名贵的花朵已经变得更小,花色都差不多,完全没有了它在非洲时的那种雍容和华贵。商人不得其解,于是去请教一位植物学家。植物学家说:"尽管你的花圃种满了名贵之花,但和你毗邻的花圃却种植着其他花卉。这种名贵之花被风传授了花粉之后,又授了毗邻花圃里的其他花草的花粉,所以你的名花一年不如一年。"植物学家接着说:"要想使你的名贵之花不失本色,只有一种办法,那就是让邻居也种上你引进的这种花。"于是商人便把自己的花种分给了他的邻居。来年春暖花开的时候,商人和邻居家花圃里的花又肥又大,花色典雅,朵朵流光溢彩、雍容华贵。这些花一上市,便被抢购一空。商人和邻居一起发了大财。

　　对小学教师来讲,在日常教学和生活中拥有良好的人际关系和社会支持系统对于自己、学生、学校甚至社会都有非常重要的意义。

第一节

教师减压的坚强后盾
——人际关系及社会支持系统

所谓人际关系一般是指在社会交往中产生的人与人之间心理上、行为上的现实关系。它由人的性格、情感和行为等基本要素组成,是社会关系体系中的一个基本层次。[①] 事实上凡是有人群的地方,就有人际关系,每个人都处在双向的、多维的、错综复杂的人际关系网络中。而学校就是一个小社会,教师作为学校的主体,相互之间也构成了一张错综复杂的人际关系网。无论什么性质的学校,也无论办学规模的大小,建立和谐的人际关系,对师生身心健康、对教育教学质量的提高都有重要的影响。

一、良好的人际关系对教师心理健康的影响

(一) 对教师心理健康具有保健功能

良好的人际关系有利于教师健全人格的培养,同

---

① 段新满:《加强教师队伍建设　优化校园和谐氛围》,《江汉石油职工大学学报》,2009 年第 5 期,第 33—35 页。

时,也有利于教师顺利工作,提高其生活和工作的质量,从而有利于教师的心理健康。①

教师生活在良好的人际关系中,在日常的教学工作中会感到很舒适,心情会很愉快,这会相对减轻平常繁重的教学工作负担。同时,如果教师间常交流,在业余时间聊聊家常,把平时生活中的不愉快在交流中化解掉,那么更有利于教师精神愉快地投入到工作中,这会提高其身心健康水平。

（二）是做好教育工作的必然要求

教师间良好的人际关系,使教师们能很好地交流与配合,从而提升教师集体的力量,更有利于对学生进行全面的教育,提高教育教学效果。

教师间有了良好的人际关系,便能在教学工作中加强沟通与协作,多交流平时的集体备课的情况,多交流学生的学习状况和思想状况,使教师在教学和学生管理工作中形成合力,从而对不同的学生采取有针对性的方法进行教育教学,做到因材施教,更好落实面向全体学生的全面教育,提高教育教学效果。

（三）是教师实现自我价值，达成自我实现的基础

良好的人际关系有利于教师对自身工作形成积极的价值评价,增强自身对工作的兴趣,并把教育工作作为一种为之奉献的高尚职业而努力,从而有利于教师自我价值的实现。

教师间良好的人际关系,能使教师感受到来自身边同事的积极评价,更好地感受到他人对自己的认同,从而较好地增强教师的自我效能感,使教师更容易实现自我价值。

---

① 张文渊:《对中学教师人际关系满意度的思考》,《师资培训研究》,2003 年第 1 期,第 15—18 页。

172

二、良好的人际关系对学生心理健康的影响

（一）对学生人际关系的影响

"潜移默化"、"耳濡目染"、"言传身教"等充分说明了教师的榜样作用。教师之间良好的人际交往会积极影响学生，有利于学生之间形成良好的人际关系。美国心理学家贝克斯特发现：在一个体谅别人的教师的影响下，学生会表现出体谅的态度；而在一个不守信用、缺乏责任感的教师的影响下，学生也会表出冷漠、不负责任等态度。可见，教师与教师在交往过程中的表现对学生的人际交往会产生很大影响。[①]

尤其是小学生，他们的思想和行为还未定型，具有很强的可塑性，教师之间合作默契、配合积极，小学生自然能感觉到老师之间的那份和谐和默契。如果教师能巧妙地引导学生团结合作、大方交流、大度待人，这些也有利于小学生之间形成良好的人际关系，这会为他们长大后和谐地与他人交往奠定一个良好的基础。

（二）对学生情绪的影响

情绪对人的心理健康起着核心作用。良好积极的情绪会使人积极向上，而学生这种健康的情绪与教师的良好情绪是分不开的。情绪具有感染性，教师通过他们自身的言谈举止反映他们自身的情绪，并影响学生的情绪。而教师之间人际关系和谐，说明教师间感情好，情绪稳定，从而对学生的情绪有积极影响。

如果教师在每节课上都能微笑着面对学生，把自己阳光的心情传染给学生，把乐观的心态展现给学生，每天像花一样天天开放，那么学生们也会像老师一样怀着高兴

---

① 陈燕，陈家麟：《教师之间的人际关系对学生心理健康的影响》，《辽宁教育》，2005 年第 9 期，第 17—18 页。

愉快的心情去学习去交往,这样更容易使学生乐学,在高兴的状态中度过在校的每一天,使学生从小就形成阳光的心态,乐观开朗地面对每一天。

（三）对学生个性发展的影响

教师职业有很强的示范性。教师之间良好的人际关系和氛围会使学生受到潜移默化的影响,从而使学生学习教师良好的为人处世的方式,并在学校中建立良好的人际关系,这些对其以后走向社会有重要的作用,影响其良好的个体社会化的形成,并使学生的自身潜能得到充分发挥。

小学生还处在个性社会性发展的开始阶段,教师之间良好的人际关系本身会给学生起到一种示范作用,使他们从中学到人与人之间交往的技巧,掌握最基本的与人交往的礼节,从而为他们良好个性的形成奠定坚实的基础。

第二节

一家人不说两家话
——和谐人际关系构建

在教师的常规教研活动中，一小部分教师参加"以老带新"等传统活动的兴趣越来越低，相互间不是相互切磋、相互探讨，而是"各自为战"，甚至有教师出现了在考试前"猜题"、"押题"等片面追求分数的不良倾向。有的教师还可能会擅自多留本学科的作业，大搞题海战术。教师个人的工作干劲如此"高涨"，可谓"你追我赶争上游"，随之而来的结果是教师间人际关系日益紧张，部分教师压力大，个别的还伴有失眠、头痛、食欲不佳、胸痛、胃溃疡、抑郁、易激动、无助和焦虑等生理心理问题。那么教师间应如何建立良好和谐的人际关系和社会支持系统呢？

一、学校要积极引导创建教师间"绿色"的人际关系

（一）领导班子成员要富有团队合作精神，起表率作用

学校领导成员间团结和谐的人际关系有利于为教师间良好和谐的人际关系的建立提供榜样。因为学校领导团体在整个学校发展中起着很重要的带头作用，学校领导间的团结合作会对教师产生一种影响，甚至能影响整个学校的校风校纪建设，学校领导成员之间良好和谐的人际关系既有利于他们自己和学校的发展，又能更好地影响整个学校教师间团结合作良好关系的形成。为此，学校领导间要和谐，要精诚合作，不要勾心斗角，搞小阴谋，从而为教师间良好人际关系的构建提供良好平台。

（二）实行民主化、人本化管理手段，充分体现教师的地位

让教师更多地参与学校管理，教师在参与学校管理的过程中，能更好地认识到自己的价值，并较容易认同接受学校的制度、措施，从而更好地去实施学校的相关管理要求，这样既便于学校教师和领导间形成一种和谐的关系，又有利于教师间形成良好的关系，并可能使教师形成一种良好的待人待事的态度。为此，学校有关领导要多关心教师的生活、家庭和教学情况，使得教师感觉生活在一个充满大爱、温暖的大家庭之中。这样的环境能够引领教师相互间多些关爱，形成和谐的人际关系。

（三）建立公平、公正的教师考评制度

在教师的职称评聘、职务晋升等方面一定要注重公平、公正，要结合教师的能力和付出及学生各方面的进步情况，评价内容要全面。具体是指要形成科学的、以教书育

人为中心的考评机制,促使教师以良好的心态从事教书育人事业;要从基本素质、师德修养、教育教学能力、履行职责情况、工作效绩等方面对教师进行全面评价,每项评价要分清主次。考评要注重实效,充分发挥考评的导向和激励作用。总之,学校的各项考评制度既要能激发老师的工作积极性,又要能使教师在公平公正的竞争中建立和谐的人际关系,使教师在一个良好的关系中积极进取,共同进步。

(四)组织丰富多彩的活动,增加教师间交往的机会

一是经常组织教学、科研方面的经验交流会,让不同学科、不同专业的教师在一起进行交流讨论。尤其是同科教师之间要多参加集体备课、互相听课互相评课等活动,通过交往,既可以取长补短,共同提高,又可以增进教师间的了解,加深感情。当然,学校领导层面应想办法让这样的活动落到实处,不流于形式,并尽可能节约老师们的时间,在有限的时间内提高效率。二是组织各种文体娱乐活动,这样能使老师们轻松愉快地去玩一玩、乐一乐,在这种轻松的活动中加强交流,培养感情,从而更有利于教师间和谐人际关系的构建。

(五)正确处理教师间的人际关系冲突

由于每个人的价值观和生活观的不同,教师间在进行交往时存在这样那样的矛盾和冲突也是正常的,学校在处理教师间的冲突时,要注意:一是要引导教师加强自身修养,做到严于律己、宽以待人;二是平衡教师间的心理差异,摆正自己的位置;三是提倡相互尊重、相互理解,多为对方考虑;四是要给教师以发泄其不满的机会。[1]

---

[1] 龚鹏:《"生态型"校园呼唤和谐的教师人际关系》,《中国电力教育》,2008 年第 19 期,第 38—39 页。

二、教师在进行交往时应该持"绿色"的心态

（一）消除各种负面影响，真诚、平等地进行交往

人的生存与发展离不开交往。交流、交往不仅加深了教师之间的情感，而且相互之间获得了信息。尤其在当前知识爆炸的年代，知识更新速度快，单凭个人的努力来获取知识已远远不够。只有通过与他人交往，才能不断地获取新的知识，扩大自己的视野。在交往时，要真诚、平等地对待他人，尊重他人，满足对方的心理需求，以建立良好的人际关系。在交往的过程中，要注意消除嫉妒、唯我独尊等不良心理，学会真诚地宽容和赞美他人，以良好而乐观的心态去影响其他老师，这样就较容易在教师间形成良好的人际关系。①

（二）教师个人需加强自身修养，要具有团队精神和奉献精神

既然选择了教师这一职业，就注定了要有更多的奉献精神，为了学生、为了自己的发展、为了实现个人的价值，也为了他人的认同，我们需要更多的奉献精神，有了奉献精神和热情，就能更好地成就自己、成就学生。而今，因为时代的发展和社会的进步，知识量的倍增和学生个性差异和认知水平的参差不齐，更需要教师间的协作和团队精神，只有教师间的协作，才能更好地提升课堂效率，更好地管理学生，为学生的终身发展奠定良好的基础。

教师个人要不断加强自身的道德素质修养和文化素质修养，在交往中要互敬互让，同时要有正确的人生观、价值观，用积极的态度影响学生，用双赢的精神与身边的同事更好地交流、交往。

---

① 龚鹏：《"生态型"校园呼唤和谐的教师人际关系》，《中国电力教育》，2008年第19期，第38—39页。

（三）教师要加强协作，正确对待竞争

当前教师间竞争是难免的，但更需要合作双赢，因为如今学科、专业的交叉与渗透趋势非常明显，不像过去单凭个人的力量就能完成教学科研任务。要很好地完成教学，需要不同学科、不同专业的教师共同合作，相互交流，相互探讨。所以教师间要形成正当的竞争，避免不正当竞争。只有这样，才有利于教师强化自身的综合素质，提高科研能力和教学水平，改善教学效果。也只有这样，才能更好地形成教师间良好的人际关系。

（四）教师要注意处理好的几个关系

1. 处理好与学生之间的关系

【近来，我班的小宇情绪不稳，有时闷闷不乐，有时无端发火。一天上课时，我问他为什么不交作业，他头也不抬，从书包里取出作业本，当着全班学生的面，把作业本扔在我的脚下。学生们都愣住了，预感到一场冲突即将爆发。我感到很难堪，但我想：小宇平时成绩优秀、尊敬师长，不可能无端在课堂上对教师无礼，其中必有原因（站在对方立场上理解对方并期待了解导致这种情形出现的原因）。我压住心头的怒火，对小宇微微一笑，然后弯腰捡起作业本，说："我帮你捡起作业本，同时也帮你捡起刚才被你扔掉的自尊。"（让学生知道教师是了解学生的）小宇深感愧疚、幡然悔悟。下课后他主动到办公室向我道歉。我顺势了解到，他近来的情绪变化是由于父母闹离婚所致。他恨父母，恨每一个人。我对他进行了一次家访，告知其父母孩子的近况。小宇的父母听了我的讲述，深深地后悔，表示真不该为点滴小事就闹离婚，以致影响孩子的学习、成长。不久，快乐的笑容又浮现在了小宇的脸上。】[1]

---

[1] 刘雨菲：《浅谈教师与学生沟通的方法和艺术》，《天津教育》，2009 年第 5 期，第 25—26 页。

本案例中,班主任巧妙地运用同理心来感化学生,使学生从"自己人"的角度去领略教师的感受、观念和态度,去接纳、尊重、理解教师,从而在内心产生满足感和温暖感。人际沟通理论指出,同理心是建立良好人际关系的重要条件。同理心是师生沟通的润滑剂,它能帮助教师有效地实现与学生的沟通。心理学家把"沟通方暂时放弃自身的主观参照标准,尝试设身处地地从对方的参照标准出发来看待事物,使双方能够站在对方的立场上体察各自的思想和行为的过程中产生的独特感受"称为同理心,也就是人们常说的"人同此心,心同此理"。同理心包括三个条件:站在对方的立场上去思考问题;了解问题出现的原因;让对方了解到你愿意为他着想的意愿。这就需要教师暂时放弃自身的主观参照标准,尝试以学生的参照标准来看待事物,站在学生的立场上体察学生的思想和行为,了解学生独特的心理感受,并需要教师有效地将自己的感受传达给学生,使学生能感到被理解、被尊重,产生温暖感和满足感,从而建立一种和谐、温馨的师生关系。在同理心的基础上,师生双方才能相互认同,教师的教育效果和目的才能达到,并有助于教师与学生间建立良好的人际关系,达到教师与学生的心理协调。

有这样一件事:学生为了在墙上悬挂陈列品而大胆地站在窗台上,教师大喊:"危险!你给我下来!"表面上看教师很"愤怒",而实质上他是在关心学生,但由于语言生硬,学生很可能不理解教师的"良苦用心"。如果教师这样说:"危险!让我来吧。"效果就会截然不同,学生不但会感激教师的关爱,而且会从理智上、情感上接受教师的意见。在与学生沟通时,教师要注意语气柔和些,要注意使用"软化"的语言,这样,学生在聆听时会感到自己是被尊重、被信任的,这样做有利于营造宽松、和谐的师生交流氛围。

另外,教师与学生沟通时要注意采取设置心理沟通信箱之类的方式,让学生以书面形式把心里话说出来,尤其是对那些不善交际、性格内向的学生而言,可使他们把"当面不好说"或"说不清"的心事表达出来,由此才能更好地解开他们的"心结",治愈其"心病"。例如,有个四年级的女生胆小怕事、缺乏自信,不愿与同学、教师交往。教师常感到当面沟通难以了解她的内心世界,于是鼓励她向学校的心理沟通信箱投信。有一天,学校心理沟通信箱收到了她的信,信上写道:"老师,我想当班长。我当了班长后,一定能克服性格弱点,以一个全新的形象站在大家的面前。"这个学生把当面不好说的心事传达给了教师。教师让她当了班长，这个学生果然进步很快，自我教育能力得到了明显加强。

2. 处理好与同事之间的关系

【小周是某小学的一名语文老师。刚毕业的时候，小周每一次的教案写的都是详案，每节课都提前一周备完，不仅备教法、备学法，连一章的练习题也都提前作完，这样在教学中重点、难点的把握就能够轻松到位，但是这种认真却被周围的人当成"傻子的行为"。面对不理解，小周也茫然过，难道只有投机取巧才好么？但是通过静心观察小周发现，有很多工作二十年以上的老教师也同样非常认真地备课。挖苦他的人往往是那些急功近利的年轻人，他们由于心中对教师职业不热爱，再加上一些人只追逐利益而不愿付出，特别是有些知识水平偏低的人，为了掩盖文化水平的不足，为了其满足虚荣心，只有靠打击别人来增强自己的自信心。当小周看清这个问题本质的时候，发现这种讽刺挖苦是很可笑的。】①

有的人说同行是冤家，无论哪行哪业都会有竞争。教师之间也存在竞争，面对竞争，教师应该采取正当方式，而不是为了自己的利益不择手段，甚至于有的班主任或教师只注意处理好与领导的关系，在学生面前不仅不维护其他科任教师的形象，还处处贬低否定。到头来既损害了自己在学生们心中的形象，又不利于教师自己能力的提升，与教师间良好关系的建立，最终不利于自己的发展。

教师之间要学会相互包容与宽容，多些理解与沟通。多从别人的身上发现闪光点，克服自己的不足，不断地完善、提升自己。如果用海纳百川的胸怀包容别人，我们就能够把更多的注意力转移到学生身上，用无私的奉献来换取比获得短暂利益更持久的快乐。只要教师之间能够互相包容，工作氛围就会更加融洽和谐，教师之间也会更加同步协调。

---

① 崔峰：《教师的三种人际关系》，《班主任之友》，2008年第2期，第39—40页。

3. 处理好与家长之间的关系

【某小学的李老师最近遇到一件烦心事。不久前的三八节,她收到了班里的一位学生家长发来的一条短信:李老师,您辛苦了！祝您节日快乐！为了表达我的敬意,我给您的手机里存了500元话费,我孩子最近学习成绩不稳定,他视力又不好,希望您考虑把孩子的座位往前调调,谢谢！

读罢短信,李老师哭笑不得。原来,这位家长以前多次想给她送礼均被婉言谢绝。没想到他来了这一招。让李老师闹心的是,第一,她对孩子一视同仁,从来不会收礼,特别是家长送的贵重礼物;第二,即使是这位家长反映的问题属实,为了孩子的发展可以考虑给孩子调换座位,但是有了家长的这份"礼",她反倒没法去做了。

思虑再三,李老师去营业厅给家长的电话里返存了500元钱。她对家长说:"每一位家长都希望孩子在学校里能够健康成长,但是班级里40多名孩子都像您这样想得到老师的'偏爱',我不可能都照顾得来。其实,您的要求是正常的,可是因为您的做法,我反倒做起事来底气不足了！所以,请您积极配合好我的教学,在家庭教育上多花些心思,孩子在学校里得到老师的所谓偏爱,往往会扭曲孩子的价值观、是非观,绝不是什么好事！"】

教师与家长作为教育的两个重要力量,必须密切合作,注意运用道德力量调节彼此的关系,形成合力。在市场经济大潮的冲击下,教师应力戒以教谋私的庸俗化现象;在与家长正常交往的基础上,力求成为各种教育力量协调一致、配合行动的具体指导者。为此,教师应努力遵守以下道德要求:[1]

第一,尊重家长,主动及时地加强联系,谋求共同立场和解决方案

在调节与家长的关系时,教师首先要尊重家长,要放下且必须放下"师道尊严"的架子,注意尊重家长的人格。一个优秀教师,不但自己要做到尊重学生家长,还应教育

---

[1] 冯招琴:《调节教师与家长的关系》,《新课程》,2010年第10期,第80—81页。

学生尊重自己的父母。当家长看到自己的孩子在教师的教育下健康成长,对家长又很尊敬,会衷心地感谢教师,双方在互尊的基础上,产生共同语言,共同完成对学生的教育。尊重家长要注意尊重家长教育子女的正确观点和方式方法。教师对家长要一视同仁,不要因为学生的在校表现有好有坏就对其家长的态度有善有恶,尊重别人是自尊的表现,也是得到别人尊重的前提。

第二,主动帮助家长转变观念,提高教育方法和艺术

在现实生活中,有些家长缺乏基本的教育常识,有的寻找种种借口把教育孩子的全部责任都推到学校和老师身上;有的溺爱孩子,对孩子身上存在的问题听之任之;有的信奉陈腐的教育观念,对孩子的教育缺乏耐心,采用打骂、体罚等错误的教育方式,以上种种态度会成为教育学生的障碍。因此,教师应把主动提高家长的教育方法和艺术水平当作自己的职责。这就要求教师首先要帮助家长更新教育观念,树立教育子女的责任心,也就是要树立家庭教育、学校教育、社会教育相互影响、密切配合的"大教育"观念,注意激发家长教育子女的积极性;激发家长教育子女全面发展的责任心。教师应通过各种方式,让家长明白,教育好孩子,不仅要依靠学校和教师的努力,也要依靠家长的协助和配合,为学生创造一个良好的家庭教育环境。

第三,主动帮助家长提高教育素养

可采用召开家长会、家庭访问、书信和电话联系、邀请家长来学校听课、参加学生活动、谈心、组织"家长委员会"、开办"家长学校"等形式,向家长介绍、传播教育学、心理学及家教等方面的知识,提高他们的教育素养。同时,教师要与家长交流学校的教育计划与执行情况,学生在校的表现等情况。这有利于增进家长对学校教育的了解,容易达到家庭教育和学校教育的和谐一致。

第四,与家长沟通时要讲究技巧

同样一件事情,由于表达的方式不一样,其效果截然不同。要注意坚持"六要五不要"原则。① 当教师和家长交流时,一要坦诚相待,不要盛气凌人,这样家长才会敞开

---

① 孙立平:《教师与家长沟通的技巧》,《班主任》,2009年第1期,第68—69页。

心扉,才能赢得家长和学生的尊敬和信赖。二要实话实说,不要"添油加醋",将"恨铁不成钢"的怨气转嫁给家长。三要一分为二,不要以点概面。"金无足赤,人无完人。"把自己喜欢的学生说成一朵花,会使家长过分宠爱孩子,放松必要的管教;把某方面较差的学生说得浑身毛病,毫无可爱之处,会使家长对孩子丧失信心,增加孩子的敌视情绪。四要留有余地,不要把话说死。孩子们可塑性很强,要用发展的眼光看问题,学会讲"只要……,你的孩子就会……"。五要褒扬教师,不要推卸责任。教师之间应该互相配合,树立对方在家长心目中的美好形象,从而赢得家长的信任和尊重。遇到麻烦时,千万不要推卸责任。转嫁责任会使家长认为教师之间不团结,教师素质差,甚至想把孩子转走。六要"多报喜,巧报忧"。当学生有进步时,请你一定要告知家长。哪个家长不喜欢听到自己孩子进步的消息?如果你把喜讯带给家长,下次他就希望你多跟他联系!切记,表扬学生就是表扬家长。

4. 处理好与学校领导之间的关系

为了增强教师与领导之间的理解,教师要用合适的方式在适当的时候与领导多沟通,如让领导知道自己的教学方法、教学手段、所教班级的实际情况,交流多了,领导也会与老师感觉彼此间非常亲切,甚至像朋友一样无拘无束。当遇到困难时,领导更方便给教师提建议或帮助解决。有的领导会对老师信任和关心更多一些,这样会让老师奉献得更愉快。所以我们要主动地去与领导沟通,不要被动地等待领导理解,如果老师和领导能坦诚相待,增进彼此了解,老师们就会有更大的动力愉快而高兴地工作。[①]

---

① 崔峰:《教师的三种人际关系》,《班主任之友》,2008 年第 2 期,第 39—40 页。

第三编

实　战

　　对于小学教师群体来说，所处职业发展的不同阶段，扮演的角色不同，所面对的压力也是不一样的。当你第一次走上讲台，你对自己的教师职业生涯进行过规划吗？在职业生涯的不同阶段遇到不同的压力，你会合理地调适吗？如果你是校长，你又是如何进行决策和领导的呢？如果你是学校的中层领导，你又是如何进行压力管理的呢？作为学校顶梁柱的班主任，面对学生各种各样的问题和繁重的教学工作，你又是如何自我减压的呢？而作为一名普通的科任老师，你在不断调适自己的同时，知道如何做一名有幸福感的老师吗？本编将在介绍小学教师职业发展的基础上，具体分析小学教师管理人员、班主任和一般科任教师应如何在具体工作中进行压力调适。我们将结合小学学校生活中的具体案例，让您清晰地知道作为小学教师中的一员，完全可以学会自我减压，轻轻松松做教师。

第九章

自相也能不"矛盾"
——职业发展与压力应对

职业生涯规划对我国小学教师来讲还是个相对陌生的字眼。1966年召开的第11届国际劳工统计专家会议通过了《国际标准职业分类》,将教师列入"专家、技术人员和有关工作者"这一大类。同年,联合国教科文组织在《关于教师地位的建议》报告中提出,应该把教师工作视为专门职业,认为它是一种要求教师具备经过严格训练和持续不断的研究才能获得并维持专业知识及专门技能的公共业务。2000年以来,随着我国第八次基础课程改革的启动,自上而下的新课改培训拉开了小学教师专业发展的序幕,人们开始认识到教师的发展是一个连续的、动态的、纵贯整个职业生涯的过程。而在这一过程中,小学教师越来越多地承受着来自社会、学校、家长、学生等诸多方面的压力。

众所周知,小学教师的劳动过程极为复杂,因为它始终处于师生之间的交往与互动、交流与对话等状态之中。可以说整个劳动过程都展示着教师的智慧,陶冶着学生的性情,融通着师生的心灵,从而引导着学生的成长发展。小学教师职业的这些特点,决定了教师劳动的创造性和特殊性。同时,教师成长是教师学会教学,不断习得与教师有关的角色期望和规范的社会化过程。做什么样的教师,深深地根植于他是什么样的人,过着或曾经过着怎样的教学生活。[1] 作为一名小学教师,时刻扮演着为人师表

---

[1] 赵昌木:《教师成长论》,甘肃教育出版社2004年版,第32页。

的角色,在客观上不得不掩饰自己的喜怒哀乐。而职称评定、教师聘任、按绩取酬等新制度又让教师感到了前所未有的压力。在职业生涯发展的不同阶段,怎样始终保持身体的健康和身心的愉悦? 减压,特别是自我减压,成为每一位小学教师的诉求,更成为学校可持续发展的重要生命线。

第一节

我的青春我做主
——青年教师

美国霍普金斯大学费斯勒(Ralph Fessler)教授和圣路易斯大学克里斯坦森(Judith C. Christensen)教授,历时八年,跟踪调查研究了 160 位中小学教师,构建了著名的"教师专业生涯发展周期模型"。该模型将教师的专业生涯大致分为八个阶段:即职前期、职初期、能力建构期、热情成长期、职业挫折期、职业稳定期、职业消退期和离岗期,教师在每个阶段的专业发展特征和需求是不同的。[①] 职前期作为职业生涯周期的起点,是教师某一特定专业角色的准备期。通常是指教师在大学或师范学院进行的师资培育阶段。职初期,是教师任教的最初几年,也是教师在学校系统中的社会化时期。此阶段每一位新任教师通常都会努力工作,争取得到上级、同事、学生的接纳与肯定,并试图在处理日常问题和事务时获得信心。能力建构期阶段的教师会努力增进和充实与教育相关的知识,提高教学技巧和能力,并设法获得新的材料、方法和策略。热情成长期阶段的教师

---

① 王蔚虹:《国外教师职业生涯周期研究述评》,《集美大学学报》,2008 年第 2 期,第 3—7 页。

已经具有较高水平的教学能力,但专业能力还在继续进步。在职业挫折期,教师由于受到某些因素的影响,在态度和个性方面转变十分鲜明,显著特征是教学产生挫折、倦怠和幻灭。职业稳定与停滞期,是教师职业生涯的中期,可能是在经历职业生涯挫折后的更新期,也可能是到了维持现状、停滞不前,职业生涯的高原期。职业消退期,是教师准备离开教育岗位的低潮时期,可能长达几年,也可能只有几个月或几周。离岗期,是指教师离开教学工作后的一段时间,包括教师由于年龄因素正式退休,或由于某些原因暂时离职以及为寻找更满意的职业自愿性离职等等。

职初期和能力建构期,是个体专业角色的适应和建构阶段。[①] 在学校里,这样的教师通常叫做"新教师"。"新"期可长可短,短则一年,长则三五年,能否顺利度过,对其教师生涯有着极其重要的影响。懵懵懂懂的小丁老师便是位刚刚迈出大学校门的小学数学教师,回想起工作的点点滴滴,压力感受之深溢于言表。

【还记得刚上班的第二周,我与一名学生家长通电话,当这位家长了解到我是今年刚毕业的新教师时,便有点不满:"四年级,这么关键的时候,还是个新老师……"从她的话中,我听到了家长对新教师的质疑:第一,会学习并不等于会教书,即便是优秀的毕业生也早已与小学教育脱钩,新教师对孩子不了解;第二,新教师缺乏经验。经验对于一名教师来说是毕生的财富,丰富的教育教学经验是与家长沟通、博取对方信任的最有效的黏合剂。如今的家长望子成龙、望女成凤,把所有的希望都寄托在教师的身上,而多数家长认为,教师的教龄与经验、素质成正比,他们更愿意让自己的子女在老教师的班里。面对家长对我的偏见,过多的解释只能增添他们的疑虑。于是,在学期初的家长会上,我郑重表态,每个人都会有第一次,我会尽我所能配合班主任带好这班学生,并对他们的数学学习负责,请家长们放心。可从他们的眼神里,我读到最多的还是三个字:"不放心!"是啊,每个孩子的教育都是不可复制的,四年级对他们来说一生

---

① Ralph Fessler、Judith C. Christensen 著,董丽敏、高耀明等译:《教师职业生涯周期——教师专业发展指导》,中国轻工业出版社 2005 年版,第 50 页。

只有这一次,岂是表态就能让家长轻易释怀的?】

其实,像这样的压力感受,每一位初出茅庐的教师都会遇到。新青年教师大多思维活跃,愿意接受挑战,并且迫切希望将新思想、新理念运用到教学实践中去。但从职业发展上看,新教师尚处于关注知识传授的阶段,其主要精力大多用在熟悉、组织与呈现教学内容上,还没有过多时间与精力去关注自身的教学行为。① 教学经验的不足,也使得新教师对课堂突发事件的处置和调控水平不高。学生的成长、家长的质疑、自身的不足与经验的缺失很容易使他们茫然不知所措。经验要靠积累,冰冻三尺非一日之寒。新教师与学生交流要注意宽严适度,但这一标准又该如何把握呢?

一、面对现实,自我认识

仔细分析上述问题产生的原因,就会发现无论是家长的质疑还是与学生的关系的不恰当大多来源于教师自身的缺陷。新教师思维的活跃、挑战自我的个性与教学经验的缺乏形成了巨大反差。教学经验的相对不足,使得新教师教学策略储备少、新策略的生成能力低、对课堂突发事件的处置和调控水平不高,从而很难得到家长的肯定以及让学生有满意的成绩,这是必须正视的现实。因此,作为一名新教师必须对自己有正确的认识,明白自身的优缺点、扬长避短,在工作中发挥个性优势,量身定做专业成长目标,不要自视过高,否则一旦目标不能实现,就会产生强烈的挫败感。

就像一位新青年教师描述的那样:

【想着自己拥有最新的教育理论,拥有着较高的专业素养,胸有成竹的我根本没有想到失败,只想到了成功后的喜悦,总之就是这样飘飘然地成为了一名小学教师,可是

---

① Lynda Fielstein、Patricia Phelps 著,王建平等译:《教师新概念——教师教育理论与实践》,中国轻工业出版社 2002 年版,第 20—21 页。

现实却把我的梦想摔得粉碎！开学第一天的第一节语文课，我准备了精美的课件和自我感觉完美的教案，组织好了如诗般的语言，面带微笑地走进了课堂，想象着学生会用钦佩的眼光看着我，想象着一堂完美的课即将诞生。可是上课效果却跟我的想象有天壤之别，学生的反应犹如一潭死水，启而不发，他们一点都不感兴趣，甚至从他们的眼神中我看到了一丝丝的厌烦，好几次都把我"钉"在这冷冰冰的黑板上。尴尬的四十分钟结束后，我垂头丧气地走出教室，只听学生在后面嘟囔道："怎么这堂课这么无聊啊？"听到这些，我失望极了，精心的准备换来的却是这种评价，今后我还怎么去面对他们！】

其实，要想从容面对挫折，就要对自己有一颗宽容的心，不要害怕，也不要轻易对自己产生怀疑，经验的缺乏必然导致授课没有想象中的精彩，资历的浅薄必然会让新教师面对质疑和不信任的目光，这时一定要放松心态；否则，让压力压得透不过气来，只会让自己身心疲惫。只要有目标，并在自己的能力范围内努力，一步一步去做，事情就会变得简单。

二、变压力为动力，对症下药

一位青年教师谈起自己的减压历程时，说："学生不喜欢我的课，我就从自身去改变，多听课、多学习；家长不认同我，我就做出一番样子来给家长们瞧一瞧，证明我自己，我很珍惜压力，因为它就像一面镜子，可以时时刻刻提醒我自己，我应该在哪些方面继续努力！"的确，面对压力，只要我们不长吁短叹，不怨天尤人，放松心态，压力反而会成为动力。

如果自己的教育智慧欠缺，就请时常待在老教师的课堂里，听听她们的每一节常态课，你就会明白，怎样才是"把自己当作孩子，站在他们的角度上想他们喜欢的方式"，然后再加进自己的专业知识，这样的课堂哪个孩子会不喜欢呢？改变授课的方法，给予孩子宽松的环境，让他们尽情地表达，用多种方式让孩子们感受到课堂中的快乐。如果学生上课时的注意力开始集中,眼睛开始变得炯炯有神,下课愿意围着教师问问题,眼睛里满是欢喜的眼神,那就说明他们开始喜欢你的课堂,开始喜欢你这位新教师了。

如果要"征服"家长,可以尽可能多地参加学校、区域组织的各项活动,不断锤炼自己、证明自己。每个机会都要好好把握,把自己最好的一面展现给学生和家长,让孩子们喜欢自己、佩服自己。这种经历通过学生们的语言传给家长,就能逐渐消除家长们的疑虑。当家长来询问学生情况时,请详细地把他们最近的表现讲给家长听,越具体、越生动越好,用真诚消除家长们的疑虑,用诚恳化解来自他们的压力。一位新教师说:"在第一次家长会上,我精心准备了一次自我介绍,严肃中不乏幽默,谦虚中不失霸气。我发现家长们的眼神中透露着一种惊奇,由一开始的不信任到最终的频频点头,我觉得自己成功了——他们慢慢地开始信任我了,从那以后见到家长我总是主动与他们打招呼,很坦然地与他们聊天,与他们研究孩子的问题,就这样巨大的压力在我一点一滴的努力中慢慢消除了。"由此可见,要让压力变成动力,就应该先找出造成这种压力的原因,对照其症状进行有效改善,在不断消除这些压力的同时,你也会发现自己进步了,专业素养提升了,课堂变得精彩了,学生也佩服你了……

三、学会沟通,寻求帮助

一位教师曾这样谈道:

【记得我第一次参加新教师教学比武活动时,压力特别大,因为这毕竟是第一次参加比赛啊,我一定要赛出好成绩。于是,在不耽误正常教学任务和学校德育活动的同时,我积极准备且每天备课到深夜,就在这时,学校安排了一位校聘的语文专家,帮我指导语文课,这位老师教学经验丰厚,对我也特别的关心,经常帮我备课,每天工作直到 8 点才和我一起回家,我决心更加努力,不辜负大家对我的期望。临近比赛时,我的心情波澜起伏,紧张极了。可能就是因为这种压力,影响了我的课堂,课上得并不精彩。校长似乎看出了我的难过，关心地对我说："每个人都有压力，要看你怎么克服，记住，无论做什么事情，都不要太看重得失，在这个过程中的收获才是最重要的。"听了这一席话，我豁然开朗，原来只要努力就是最成功的自己。此后的几年中，我从领导的身上感受到了他们无微不至的关怀；从专家的身上感受到了教材解读的严谨；从师傅的身上感受到了老教师的真诚与无私。在大家的帮助下，我越来越优秀。】

良好的人际关系，是顺利工作的基础，对新教师而言也是减压良药。在日常教学工作中遇到困难而自己又无力解决时，不要自己憋在心里，而是要学会倾诉和沟通：与同龄人沟通，释放自己的压力；向老教师请教，缓解自己的压力；与领导干部沟通，正视自己的压力。这样，不仅有利于促进新教师自身的能力发展，而且还有助于改善与同事的人际关系。善于沟通可以让我们从对方身上汲取缓解压力的力量，顺利度过职初期。

第二节

路漫漫其修远兮,吾将上下而求索
——骨干教师

顺利度过职初期的教师会逐渐过渡到热情成长期和职业挫折期,热情成长期是充满热情,有高度的工作热情和满足感的时期。[①] 这一时期的教师热爱工作,盼望到学校上班,希望和学生交流,并不断寻求新的方法来丰富教学。职业挫折期是工作满足感降低,教师开始对自己从事的职业提出疑问,出现职业倦怠的时期,这是教师职业生涯的高原期。处于这一时期的教师要么停滞不前,要么原地踏步,较少有持续成长的热情和追求卓越的劲头。[②] 处于这两个阶段的教师,通常是已经适应教学工作的熟练型教师。从年龄上看,他们大多家庭担子重,上有老、下有小;从资历上看,他们积累了一定经验,可以独立应对教育教学的工作。这部分教师是小学教师群体中人数最多的,他们直接决定着学校的发展。我们通常把这一范围内职业素质相对优异,在教育

[①] Ralph Fessler、Judith C. Christensen 著,董丽敏、高耀明等译:《教师职业生涯周期——教师专业发展指导》,中国轻工业出版社 2005 年版,第 78—79 页。
[②] Ralph Fessler、Judith C. Christensen 著,董丽敏、高耀明等译:《教师职业生涯周期——教师专业发展指导》,中国轻工业出版社 2005 年版,第 78—79 页。

教学活动中发挥了骨干作用的教师称为骨干教师。① 他们是学校教学质量保证的中坚力量,也是学校里最具有"压力"的人群。

这从陈老师的描述中可见一斑。

【本学期刚开始的那段时间我感受到了前所未有的压力。我既要做好常规工作,备课、上课、撰写案例、教研、批改作业,又要做好班主任工作,抓好班级建设,做好晨检、安全教育工作,与家长通过电话、面谈等方式及时沟通,还要抓好纪律、卫生、文体等活动。除了语文教师、班主任之外我还担任了教研组长,同时兼任低年级学段的段长,这就对我提出了更高的要求,不仅要提高自己的教学水平和能力,还要提高科研水平、评课能力、组织能力等。组内青年老师有教学或比赛任务,我都要全程帮助、指导。除此之外,我又参加了区语文骨干教师培训班、市骨干班主任远程研修,我还担任着学校的通讯员工作,参与了科研课题经典诵读绘本的编写、课程研发等工作。我知道,这些工作对我来说都是很好的锻炼和展示机会,我也很珍惜这样的机会。可是,当这些工作向我一齐涌来的时候,我的内心会感到一阵阵着急、焦虑、困惑,着急自己干得还不够快,焦虑自己干得还不够出色,当好多种角色不断转换,好多项工作急于等待处理的时候,真盼望自己能有分身术或是长出三头六臂。】

一、骨干教师的压力来源

通过对部分小学骨干教师的访谈,我们发现,他们存在的压力主要来自于这样几个方面:

---

① 潘海燕、夏循藻:《骨干教师成长的秘诀》,中国轻工业出版社 2007 年版,第 1 页。

（一）压力来自自己

教师常把"完美"当作自己为人处世的目标。骨干教师更是对自己有很高的要求，希望认真做好每一件事，教好每一个学生。为了对学生的学习和发展负责，保证每堂课的教学质量，他们总是加班加点。在性格倾向上，他们往往是完美主义者，自我期望高，在工作上要求尽善尽美，并渴望他人看到、肯定自己的成绩。因为有这种心态，便很容易忽略自身条件的限制，如个性、能力、机遇等。一旦过高的自我期望目标不能实现，就会导致很强的挫败感，对自己过分责备，同时容易产生消极情绪。① 一位曾参加市优质课比赛的教师说："说句实话，参加这么高级别的教学比赛，自己心里真没底。总感觉到自己的教育教学水平还没有这么厚实，还需要不断地沉淀、积累，厚积薄发。可是，机会来了，不容许自己等待，必须'速成'。因为这不仅仅代表的是我个人，而是代表整个团队，大家都在看着我，没有别的选择，只有鼓足了劲，向前冲，争取在这几个月历练的过程中，取得优异的成绩。"

（二）压力来自学校

学校，作为教师专业成长的主要场所，为每一位教师的发展搭建了丰富多样的平台，是每一位教师成长的坚强后盾。学校作为一个组织，必有其运行的规则，管理制度比较严格，评价相对多元。骨干教师往往非常在意这些组织评价，因而组织评价容易对其心理产生巨大影响。工作若能得到积极评价，他们便会以饱满的情绪和更大的精力投入工作；若对评价结果不满，担心由于人为的偏差，使自己在评价中受到误解、不信任，教师则会产生心理负担，增加工作压力。我们也应看到，尽管学校正在努力尝试开展更为公平合理的评价改革，但在组织评价过程中，没有一项评价标准能做到完全

---

① 潘海燕、夏循藻：《骨干教师成长的秘诀》，中国轻工业出版社 2007 年版，第 128 页。

公平。不公平就会有压力,尤其对骨干教师而言,一旦这种压力达到一定程度,便会使他们走向两个极端,一是从热情成长期直接跌入职业挫折期,心灰意冷,将注意力转向其他方面;二是产生极端反应,对自己身心产生极大的伤害,甚至危及自己的生命。更值得一提的是,学校承办的各种会议、检查评比活动越来越多,再加上频繁的培训、交流、教研、公开课等,这些都给骨干教师带来了额外的压力和负担。

(三)压力来自同事

对于教师而言,学校的人际关系主要是与同事、上级的关系。影响人际关系的因素也主要是同事、上级与自己之间的相互评价与相互影响。一位在名校工作的小学教师说:"我们学校的每一个老师都是优秀的,都是我学习的榜样。每一位教师对自己的工作都是严要求、高标准。前不久,听说英语组的两位老师参加了省英语优质课比赛,在紧张备战的前两天,竟48个小时没有合过眼,最终取得了省优质课比赛的一等奖。这种忘我的工作态度,让我敬佩。和这样一群敬业、优秀的老师一起工作,压力很大,自己只有不断进步和提高,才能和大家同步,否则就会被淘汰掉。"尽管人人都渴望得到来自同事的认可和支持,但这却并不容易做到。自古以来,我国知识分子之间就存在着所谓的"文人相轻"现象。① 随着学校内部各种竞争活动的开展,如荣誉称号评选、职称晋级、年度考核定级、高职低聘等,进一步加剧了教师之间的紧张关系。一位教师曾坦言,工作了一年最害怕的就是年度考核,在同事互相评价环节,尽管学校总是要求公平公正,但轮到自己真的要给其他老师打分时,真的是十分踌躇,打高了怕对自己不利,打低了怕对同事不好。笔者也曾听闻某所学校凭民意投票评选优秀教师时,得票数最高的居然是学校里一位工作平平的老好人,这让许多能力卓著、勤奋敬业的骨干教师愤愤不已、倍受打击!

---

① 潘海燕,夏循藻:《骨干教师成长的秘诀》,中国轻工业出版社2007年版,第130—131页。

（四）压力来自家庭

来自家庭的负担对于骨干教师来说也同样并不轻松。结束一天忙碌、紧张的工作,骨干教师还要回到自己的家,关心照顾家人。虽然白天在学校里工作很忙很累,教师也要学会经营好自己的家庭生活。家庭因素虽然不直接导致教师压力,但如果家庭关系处理不好,则可能会变成压力的一部分。骨干教师正好处在老人需要赡养、孩子需要教育引导、配偶双方需要互相理解体谅的年龄,这些关系处理好了,会增强自身的家庭幸福感,否则会带来无形的压力。尤其是作为中年人,处理好和另一半的关系直接影响到整个家庭生活的质量和幸福。笔者曾有一位同事,在工作上优秀又能干,家庭关系却非常紧张,老公怨气满天,我偶然一次去了她家,只见锅碗瓢盆在厨房摞成了小山,家里乱成一片,便也多少有些明白,她的丈夫怨从何来了,不过这位同事也是牢骚满腹:"我何尝不想家里干干净净,但我要学习、工作,晚上经常加班,哪里有时间!"另外,骨干教师大都上有老、下有小,来自两头的责任与压力更不轻松。孩子正处在上学的年龄,需要及时地教育和辅导,周末还要带着孩子上各种各样的辅导班,到处奔波,他们经常连饭也顾不上好好吃,在家比在学校还累。父母呢,则在一天天变老,经常会出现这样那样的状况,需要去陪伴、关心和照顾,这也需要时间和精力。还要不断自我加压:因为优秀,他要成为孩子的榜样;因为优秀,他要成为父母的骄傲,这种内心诉求必然也会转化为压力,对骨干教师造成一定的影响。

二、骨干教师的压力调适建议

曾有一位哲人说,当你不能改变环境时,你不妨把改变自己当作一种享受。如何在繁琐的压力面前有的放矢,有条不紊,我们有以下建议:

（一）常规工作，提前准备

俗话说：凡事预则立，不预则废。对骨干教师而言，规划好每一阶段的每一步非常重要。骨干教师应时刻保持一种忧患意识。忧患意识表现出的是人们的一种精神自觉，是人们对改造世界的一种强烈的责任感和能动性。[①] 它因此成为我们不断进步的重要精神动力。只有能客观地审视自己，冷静分析自己面对的状况，有则改之，无则加勉的人才能保持一颗上进的心，发现工作和生活中的乐趣。从职业生涯规划的角度来看，骨干教师也应以学校给自己确定的专业发展规划为引领和监督，确立自己每一阶段的奋进目标，这样才能尽可能地不受外在不良环境的影响，保持情绪的稳定。

对任何一种职业而言，都要面对一些程序性的工作，小学教师也毫不例外，每一天都要面对一些相对常规的工作，上课、做操、跟班、护导、教研、培训、开会……时间相对固定，操作大致相同。骨干教师要对学校的各项常规工作做到了如指掌，并提前做好应对准备，合理利用时间，将力所能及的常规工作提前完成或处于一种正在完成的状态。这样才能省出时间来应对一些突发的、创新的工作。

（二）突发工作，乐观应对

在工作中，我们经常会听到这样一句话：计划永远没有变化快。每天在做好常规工作的同时往往会有突发工作从天而降。面对突发工作，首先不妨尝试着欣然接受，因为不快乐也要做，快乐也要做，那又为何不怀着一种愉悦的心态去做呢？科学研究发现人在愉悦的心境下工作，不仅会提高效率而且对人的身体健康有增益作用；反之，则会增加职业倦怠感，久而久之便会对工作失去热情，甚至造成不良后果。其次要学会机智应对，做到冷静分析，想出最好的工作策略，做到省时高效。时间对于每一个人

---

① 潘海燕，夏循藻：《骨干教师成长的秘诀》，中国轻工业出版社 2007 年版，第 130—131 页。

而言都是一样的,但能否成为时间的主人则是每个人的选择和本事,"苦干"已经不适宜时代的要求,"巧干"考量的则是每个骨干教师的智慧。当然,骨干教师还要清醒地认识到:做正确的事,比正确地做事要重要得多。因此,教师也要学会拒绝、学会甄别,让自己的时间和精力所创造的价值得以真正体现。

(三)创新工作,适时点缀

所谓创新是指人们在生产力、生产关系和上层建筑全部领域中进行的创造性活动。[①] 创新就是发展,但不是一般的发展,而是超越式发展。骨干教师要想获得积极的自我肯定和社会评价,在面对同样的工作时,就要有一些创新性的策略,做出创新性的成果来。正所谓工作有底限,但无上限,创新不仅可以激发教师的创造欲望,而且可以最大化地实现个人价值。有一次笔者去参加人民教育出版社组织的全国班主任培训,一位广西老师的发言引起了与会者的强烈兴趣。这位教师充满了对教育创新的追求,就连教一年级的小朋友去上厕所,也是一个孩子一个方法,这种创新使得她总是处于别人学习和羡慕的中心,自我成就感特别强,再繁重的工作也变得好像简单了许多。

(四)复杂工作,协调团队

骨干教师在学校里往往处于领头人的地位,要么是教研组长,要么是年级组长,因此要注意建立集体攻关的意识,带着成员一起干。古人云"独木难撑"、"柴多火旺",问题的关键在于怎样带动成员坦然地面对工作压力,乐观接受新的挑战。因为,骨干教师良好的精神状态会感染周围的同事,而消极的应对态度也会传递给他们。因此,当接到学校安排的新任务时,骨干教师先要通盘考虑,整体筹划,才能高效完成工作。其次在制定初步工作计划的基础上,再与团队成员进行讨论,根据实际情况做出适时调

---

① 紫彦:《教育蓝图》,广州出版社 2000 年版,第 38 页。

整,定出最终活动方案。

例如在参加某次区优质课比赛前夕,一位教研组长就有了非常深切的感受:

【组内老师齐动员,既有分工,又有合作。有的出谋划策,有的搜集资源,有的制作课件,有的打印材料。大家都能以大局为重,尤其是在时间短、任务重的情况下,也能关注到细节,比如同一天上课老师试讲的时间要安排协调好,见学生时需要表扬鼓励的小礼物要提前准备好等,这些都要考虑到。试讲完大家又聚在一起共同评课、研讨,一连一星期的时间大家都是早来晚走,披星戴月。功夫不负有心人,我们最终取得了两个一等奖,两个二等奖的好成绩。我们的工作虽然辛苦,但累并快乐着。】

当然,在领导自己的团队工作时,也要讲究方法。不管是带教师团队还是带学生团队,骨干教师都要学会经常反思,及时调整自己的工作方法。

(五)家里家外,从容应对

除了在学校里与同事、领导合作把工作做好外,骨干教师也要拿出一部分精力处理好家庭和社会上的事情。比方说,每天抽出半小时左右的时间陪孩子做作业或料理家务,带着愉快的心情陪老人说说话。在节假日的时候与朋友聊聊天或郊游,一起参加外出活动等。当有意识地处理好工作、家庭的关系时,就会在无形中为减轻教师的压力提供一种良好的社会支持系统。有位老师说:"以前工作压力大、疲惫的时候经常会冲儿子发火,发泄自己的坏情绪,或是周日在家昏天黑地地睡觉。现在每逢周日,便和家人一起登山、郊游,投身到大自然中,使自己紧张了一周的神经彻底地放松下来。假期一有机会我就带上孩子、老人外出旅游,领略祖国的大好河山,尽享天伦之乐。这些积极、乐观的减压方式使自己的生活状态明显好转,工作似乎也轻松了不少。"

最后,让我们用这样几句话结束对骨干教师的压力调适:

直面评说，主动协调关系，心怀坦荡智慧处世；

直面负荷，学会控制调整，保持健康乐观心态；

直面现实，夯实立足根基，脚踏实地完善自我；

直面竞争，摔打提升自己，实现自我超越升华。

第三节

蓦然回首，那人却在灯火阑珊处
——老教师

伴随着职业的不断成熟，教师的年龄也在一天天增大，职业生涯也逐渐进入了职业消退期和离岗期。[①] 职业消退期是正准备离开专业岗位的时期，主要集中在教师教学经历的最后几年。这样的教师我们亲切地称之为老教师。

一、老教师的压力表现

因为即将离开工作岗位，教师的心态都会发生一些改变。通过与一些老教师的访谈，我们发现：

（一）来自职业的压力在逐渐减轻

由于已经有了二三十年的从教经验，老教师的技艺日益纯熟和从容。日常教学工作对老教师来说已经没有什么难度。自古以来尊老爱幼的传统，使得校园中处

---

① Ralph Fessler、Judith C. Christensen 著，董丽敏、高耀明等译：《教师职业生涯周期——教师专业发展指导》，中国轻工业出版社 2005 年版，第 102 页。

处弥漫着对老教师的尊敬和爱护。在学校管理上,很多突发工作不会再安排给老教师,他们的工作时间变得很有规律。在专业发展上,学校对老教师的要求也在逐渐降低。比如,学校教师的专业发展很多是通过上课、写论文、做培训、读书会等方式展开,但这些工作要求对老教师往往明显放松。在平日工作中,其他教师也会很自觉地照顾和谦让老教师,体力活、跑腿的活往往都由中青年教师抢着干了,老教师相对比较轻松。在师生关系上,因为年龄差距较大,学生在老教师面前易于接受相关的教育和管理,师生之间关系比较融洽。在家校合作上,家长大多膜拜有经验的教师,对老教师也是敬重有加,比较配合学校的有关工作。这样一来,就形成了一种非常稳定、有序的工作节奏。老教师只需要上好自己的课,管好自己的班即可,工作压力自然降低。

(二)来自家庭的压力也在逐渐降低

对于老教师而言,子女已经长大,不再需要父母的操心,老伴也面临即将退休的状态,要求自然也就降低了,而且工作相对轻松,家务也能分担一些了。一位老教师曾这样描述自己的家庭生活:"下班回到家,老伴已经把饭做好了,坐在沙发上读着报纸等我。儿子工作了,忙着谈恋爱、交朋友,几乎很少回家吃饭,着急也是白操心。年龄大了工作量少了,再也不用回家加班,晚上的时光反而不知该如何打发了,散步、聊天、看电视……连架也没得吵了。"这样的生活状态,自然也就谈不上有什么家庭的压力了。

在这样的氛围中,老教师的职业倦怠指数反而有了明显降低,对岗位的依恋感在加强。老教师谈起自己的工作时,往往十分自信:"今年刚一接班,因为两个孩子打架的事,我把肇事方的家长找来约谈,没想到这家长一进办公室的门,就开始嚷嚷,说自己很忙,学校在小题大做,还号称忘了带录音笔,年轻老师一看这样的家长都采取敬而远之的态度,我马上要退休了,没什么好怕的,所以我也很不客气地告诉家长,连打架这样的事你都不重视,你对孩子的关心和教育程度可想而知!天天忙工作为的是什么?家庭事业两头重,这样的道理还用我讲给你听?带录音笔干什么,要把我们的谈话录下来作证据?我欢迎,我这有录音机……家长一看我是个老教师,就觉得自己说过了，又听我这么不卑不亢，态度立马好了。我们谈得很顺利，家长走的时候一个劲地表示感谢，同一办公室的年轻人直冲我竖大拇指。说实在的，临到老了，反而越来越喜欢这份工作，总觉得身上有使不完的劲！"

二、老教师的压力调适建议

当然，我们也应该注意到，也有一些老教师因为这样或者那样的原因，工作并不愉快和从容，因此，对老教师而言，我们有这样两个建议：

（一）保持年轻的心态，切勿倚老卖老

曾有所小学，一位年轻的数学老师因种种原因调离学校，学校安排了一位教学经验比较丰富的老教师任教。但是开学没几天，部分家长就找到校长，希望换年轻的老师来任教，理由是现在的孩子接触信息多，思维活跃，年纪大的老师行动慢，缺乏活力，不受儿童喜欢。其实，不是学生不喜欢老教师，是不喜欢离与他们心远的老师。俗话说得好，人老心不老。虽然老教师已经上了年龄，但最好不要事事处处把"老"字挂在嘴边，学生往往喜欢和他们谈明星轶事的老师，喜欢突发奇想和他们一起郊游的老师，喜欢哼流行歌曲的老师，喜欢上课给他们讲笑话、犯了错伸舌头的老师。总之，他们喜欢童心未泯的老师。人民教育出版社的任小艾老师在其主持的"班主任专业化"的课题培训会上，邀请了很多优秀的老班主任来现身说法，这些教师的年龄都不小，可他们的"心"却都是那么年轻，勇于打破思维定势，善于接受新事物，知识阅历丰富，语言极度具有渲染力，这样的老师才越老越珍贵！

（二）注意情绪的变化，保持身心健康

也有一些老教师，逢人便发牢骚，说什么辛苦了一辈子，既无地位，又无名望，平平

淡淡,想画上一个圆满的句号,却不能尽如人意。临近退休,高级教师职称也未评上,工资待遇不满意;三十年劳心劳力,落下了一身毛病,血压、血糖、血脂"三高"齐全,药不离口,病不脱身,身体状况令人不满意;普通人已三代同堂,当教师的晚婚晚育,因而接近退休子女尚未成家立业,孩子对自己不满意……殊不知情绪是生命的指挥棒,一个健康的人处于愉快状态时,生物钟运转正常;若精神状态不好,终日闷闷不乐,或时常急躁暴怒,就会使内脏器官失调,出现胃痉挛、血压升高等症状,特别容易引发心脏病。而且情绪还会引起许多器官系统的失衡,如:蹙眉、瞪眼、虎脸、切齿、掩面,可使身体内部遭受损害。[①] 疾病对老年人的影响不言而喻,稳定而良好的情绪可增强机体的抗病能力。生气、激动、愤慨、恼怒、暴跳如雷,实际上是对自身的最大摧残。所以,对老教师而言,更要注意自己的健康,保持良好的情绪。不拿自己的付出、收获、待遇与别人来比较,把学生的成长作为自己人生价值的体现:"桃李满天下,人间竞芬芳!"并不是所有的职业都有这样的殊荣,这是教师职业的魅力所在。总之,用一颗平常心,以平静的心态看待自己和得失,才能从容面对工作生活中的一切!

---

① 朱敬先:《健康心理学》,教育科学出版社 2002 年版,第 389—390 页。

第十章

用心从此不"夹心"
——小学管理人员的压力调适

有人说,小学教师难当,校长更难当。还有人用"夹心饼"来形容时下学校管理者的尴尬地位,夹在老师与上级中间,夹在业务教学与日常琐事之间。曾在新闻网上看到这样一则信息,2009 年 11 月 12 日,莱西市某小学校长,在办公室上吊自杀了。[①] 此事在网上被炒得沸沸扬扬,引起了一场关于校长减压的大讨论。虽然都是管理者,但对中小学来说,压力却截然不同。如果说中学管理者的压力主要来自于升学,那么小学管理者的压力则是素质教育和应试教育的双重煎熬。

---

① 莱西一小学校长上吊身亡　疑工作压力太大所致,http://www.dzwww.com/rollnews/news/200911/.

第一节

决策与压力并存
——小学校长

2000 年开始的第八次课程改革虽然是义务教育领域的改革,但小学改革的力度远远大于中学。于是小学校长被赋予了多重角色。比如,作为教育者的校长,要求其成为学校的学术带头人和教学改革的领导者。这一角色要求校长懂得教学,应该成为学校教育改革的引领者。作为领导者的校长,要求其更加注重课程领导。所谓课程领导,指的是学校领导者基于课程专业知识经由各种领导行为,整合各项资源带动相关人员进行课程规划、课程发展、课程设计、课程实施、课程评鉴,以改进课程质量,提升学生学习效果,达成课程目标的过程。[①] 作为管理者的校长,要求其将管理行为聚焦于校本管理,在有限的资金中筹措有度,实现学校自主发展⋯⋯重重角色之下,小学校长自是压力重重。

[①] 阳东:《中小学校长能力要素与领导能力浅谈》,《中小学校长》,2009 年第 7 期,第 42—45 页。

一、小学校长压力的主要来源

概括来说,小学校长的压力主要来源于以下五个方面:

（一）工作负担压力

学校工作千头万绪,常规性工作、阶段性工作、突击性工作,校内工作、校外工作常常使校长应接不暇。2003 年 6 月 10 日至 18 日由《上海教育》杂志社举办的"上海市中小学青年校长论坛"的一次关于校长"每天平均工作时间"的问卷调查表明,"75％的校长选择每天处理学校事务就要 10—12 小时"。[①] 一份关于我国中小学教师人均日劳动时间的调查表明,"我国中小学教师人日均劳动时间为 9.67 小时,比其他一般职工高 1.67 小时,积累起来,年超额劳动时间为 420 小时"。[②] 两相比较,中小学校长日均劳动时间比教师长 2 小时左右,比一般职工长 3 小时左右,早出晚归是家常便饭,他们可能不是第一个到校者,但经常是最后一个离校。因此,不少校长对自己的工作负担压力感到"苦不堪言"。

（二）工作聘任压力

校长聘任制是校长管理的必然趋势。教育部人事司负责人谈到"十五"期间中小学校长队伍建设要主要抓好的三方面工作中,特别提到要"改革中小学校长选拔任用制度,推行中小学校长聘任制,实行公开招聘,民主推选,平等竞争,择优聘任。实行校

[①]《走进青年校长圈上海市中小学青年校长问卷调查数据解读》,《上海教育》,2003 年第 7 期,第 38—40 页。

[②]《中小学教师人均日劳动时间调查》,《中国青年报》,2001 年 9 月 22 日。

长任期制,建立健全中小学校长任期责任制,加强对校长履行岗位职责及任期目标完成情况的考核,并将考核结果与任用、奖惩挂钩。积极创造条件并推进校长的收入分配制度改革,形成有效的激励机制"[1]。从一些已实行校长聘任制和职级制的地域来看,由于两种制度的不完善使得校长的压力增大不少。名为"校长负责制"实为"校长责任制",校长要担负很多责任,权力却不能全落实,职责超支履行,压力加大不少。另外,在教师聘任方面,由于目前尚未出台统一的聘任法规,因此在聘任过程中出现不少纠纷,校长往往成为矛盾的焦点,增加了校长的压力。

(三)角色职责压力

实行校长负责制以后,校长作为学校的法人代表,负责管理学校的人、财、物、事,要对众多事项负责,权力不大责任却很大。而小学相对于其他事业单位而言,是一个非常复杂的组织系统,人数不多的教师(且大多是女教师)教育管理着超出自己数倍的未成年人,承载着众多家长、社会的期望,学生体伤事故屡见不鲜,教师体罚事故屡禁不止,家长举报事件防不胜防……校长的压力可想而知。另外,校长在与上级教育行政部门、社会团体以及学校内部的中层干部、师生员工的交往过程中,扮演着各种各样的角色。校长们虽然都倾向于努力扮演好这些角色,但由于校长负责制尚不完善,多方面的关系尚难理顺,再加上校长自身的性格因素等原因,使校长在角色扮演中常出现角色模糊和角色冲突的现象,使得自己的表现、努力无法让自己满意,也让其他人不满意,造成自我紧张和对外交往困难。这些压力甚至会使一些校长心生离职之意。

(四)培训进修压力

我国的中小学校长几乎均来自于教师队伍,都是教师中的佼佼者。但好的教师并

---

[1] 龚孝华、吴开华、贾汇亮:《校长专业发展与能力建设研究》,中国轻工业出版社 2008 年版,第5—9页。

不等于好的领导。教育改革的深入发展和学校组织功能的日趋复杂,要求校长不仅仅要掌握现代的管理知识和技能,熟悉学校的规章制度,更要不断学习、开阔视野,顺应社会发展的趋势,与时俱进、继承创新。因此校长必须经常性地参加培训、进修、考察和交流,将学到的知识经验与自己的管理实际结合起来,办"让人民满意的教育",尤其是形成特色的学校文化特色的教育品牌,这对中青年校长而言是不小的压力,对年纪较大的校长来说,更是困难重重。

(五)升学考试压力

对于任何一个小学校长来说,考试压力都是非常直接的,这比教师感受到的压力还要大。小学升初中虽然取消了升学考试,但中考、高考还在。虽然近年来大学扩招幅度相当大,高中招生规模也不断扩大,但高考、中考的压力并未明显减轻,有的地方甚至变得更重。考试指挥棒仍在左右着小学的教学,知识教学依然是学校工作的重中之重,也是社会考量学校办学地位的重要标准。很多区域实施素质教育新政以后,虽然取消了排名和大规模的统一评价,但对教学的评估和测查仍在以一定的方式开展着。"轰轰烈烈搞素质教育,扎扎实实抓应试教育"成为不少校长在升学压力下无奈而自嘲的口头禅。

二、小学校长的压力调适

如何应对来自这些方面的压力呢?作为教育行政部门,我们认为需要做以下思考:

(一)真正使校长责权匹配

当下,校长负责制是小学管理运行的主要模式。即校长是学校的法人代表,应按有关规定行使职权、履行职责,并代表政府承担管理学校的全部责任。① 但实际状况却是校长需要面对的领导太多。尤其是现在管理部门划分越来越精细,一个学校仅区一级需要面对的教育行政部门就有近 20 个。长期的集权和计划体制使得一些地方教育行政部门不敢或不愿放权,校长负责制越来越成为一种形式。校长们通常感到责大于权,有责无权,需要花费巨大的精力和时间协调各种关系,从而给他们造成很大的心理负担和工作压力。因此,教育行政部门应尽早给予校长与其责任相当的权力和办学自主权,保证各项工作的顺利开展,减轻他们的压力。

(二)真正使校长沉下心来做事

目前我国小学校长的任用制度趋向多样性,包括委任制、招聘制、选任制、考任制、聘任制等多种方式。其中校长聘任制是目前应用较为广泛的一种制度,通过聘任上岗的校长容易获得教职工的信任,便于学校管理工作的开展。但随着管理体制的不断改革和完善,"干部轮岗交流"成为大势所趋。轮岗交流可以减少腐败,激发干部工作的积极性和创新性。但在实行的过程中,一些地域和部门明确规定校长任期为三年或五年,这种做法值得商榷。众所周知,学校管理和企业管理有相当大的不同,学校是培养人的地方,培养出优良的校风、学风需要相对较长的时间,特别是校长要形成独具特色的办学理念从而成长为优秀校长,更需要相当长的时间。任期时间过短,校长要实现自己的目标,必然会感受到巨大的压力。有的校长为了取得自己的政绩,甚至出现浮夸之风。这显然严重违背了教育发展规律。还有一些地方,为实现教育均衡发展,将好学校的优秀校长调任到薄弱学校,以加强管理、提升水平,这本是出于好意,但却错把他们当作"救火队长",在一所学校干上一两年又调到另一所学校去,在薄弱学校间频繁调动,使其疲于奔命、压力重重,这显然也是不合时宜的。在教育行政部门组织的轮岗调研和座谈中,80%以上的意见倾向于校长任期应相对较长,这种合理要求应该

---

① 龚孝华、吴开华、贾汇亮:《校长专业发展与能力建设研究》,中国轻工业出版社 2008 年版,第5—9页。

引起教育行政部门的足够重视。

（三）真正让评估成为动力

在推行绩效工资改革的过程中，很多地方推行了小学校长职级制，把校长划分为若干等级，每一等级匹配相应的工资标准。这一制度的实施显然是为了调动校长的工作积极性，但如果标准难以服众、条件不能获得认同，则会起到相反作用。在素质教育的新形势下，迫切需要改变以重考试为主的评估方式，建立并完善新的、合理的评估体系。要将结果评估与过程评估相结合，要以全面评估代替单一评估，要把评估建立在服务的理念上。通过评估正确地诊断学校的问题，帮助校长解决问题，为校长减负。特别要减少形式主义的检查、评比。在"上海市中小学校长论坛"的一次调查中关于"你最需要减少的外部压力"的问卷表明，有50％的校长选择"检查评比"，①这也值得教育行政部门深思。

以上是对教育行政部门提出的校长减压建议，对于小学校长自身，我们也有如下思考：

（一）正确认识领导与管理

校长到底是领导者还是管理者？有人说："管理者是做事正确的人，领导者是做正确事的人。"这其实是在表明，就学校而言，校长若作为管理者，其着眼点在于学校的具体事务上；而若作为领导者，其着眼点在于学校整体规划和发展上。现在许多校长把重点放在对学校具体事务的管理上，事无巨细、一手包办，结果不但具体事务没有办好，而且学校发展方向也不明朗，给自己造成很大压力。校长要摆脱内外交困的局面，必须要了解自己的领导职责。其中最重要的是：①准确定位学校的现状；②预设学校的远景目标；③与全校师生达成共识；④决定学校的变革；⑤制定并实施变革；⑥关心、

---

① 《上海市中小学青年校长论坛——问卷调查》，《上海教育》，2003 年第 7 期。

激励学校教师和学生;⑦建立学校发展的信念;⑧监督和评估学校的发展;⑨展示和宣传学校所取得的成就等。① 只有当校长站在作为领导者履行领导职责的高度上,学校才会得到有效的管理和发展,校长自己的压力才会真正减轻。

（二）提升与创新专业能力

校长职业日趋专业化的发展趋势已经日益显示出,只有提高校长的专业发展能力水平,才能提高学校的管理水平。而校长的办学思想、决策能力、激励能力、团队建设能力和评价能力都是校长专业能力建设的重要组成部分。② 以人为本,是学校管理模式的轴心;刚性的制度、有情的激励是管理的两翼;让每个教师和学生在工作、学习和生活中感受到乐趣,从而以积极的态度、主动、自觉地投入到教学和学习中去,最大限度发挥特长和潜能,创造更丰厚的教育价值、教育财富,是管理者追求的目标。如果把学校比作一座正在建设的高楼,刚性的制度是钢筋,有情的激励则是水泥,只有钢筋水泥实现刚柔相济的无缝融合,才能为教师和学生构建出有效的发展空间。

1. 以人为本的隐性制度建设力

所谓"隐性制度",并不是忽略制度的存在,而是在制度相对健全的前提下,对制度的一种无形的灵活应用。如果说,制度是学校发展的保障,那么,无形的学校文化才是表面至柔实则至刚的"钉子",已形成的学校文化往往能够起到超越制度的"隐性管理"作用,对制度管理形成有益的补充。有的校长倡导让"人人成为学校的管理者,每个人都被规则管理着"。做到权力层层有、任务个个担、责任人人负,一级领导一级、一级对一级负责,工作思路清晰、责任明确。每个人身上都担负着责任,每个人也都有独立开展工作的机会和舞台,在接受管理中参与管理,在追求成功中享受喜悦。有的校长尝试将管理权力充分下移,在操作过程中,不断理顺各个机构之间的关系,营造互动机

---

① 孙远航:《新时期中小学校长领导力的提升》,陕西师范大学出版社 2008 年版,第 2—6 页。
② 龚孝华、吴开华、贾汇亮:《校长专业发展与能力建设研究》,中国轻工业出版社 2008 年版,第 95—99 页。

制,使学校成为一个结构合理、层次分明、整体协调、功能完备的管理系统。总之,不论是怎样的制度建设,都要确保教育教学工作有序、高效开展。

2. 积极有效的情感沟通力

谈到有效的情感沟通,大家不妨先看这样两个例子。

新学期到来时,某校长通过校园网给大家发了一则即时帖,内容是:"在新的一年中,愿欢歌笑语常伴你我左右,愿幸福愉悦跟随学校同行。现奉送幽默几则,让学校在快乐中启程!"后面附了几则小笑话,有老师回帖说:"本来刚开学回来挺累的,你的礼物让我们在笑声中度过了一天。"

某天某位学校的老师们收到校长的这样一条信息。"近日,朋友推荐我一篇题为《青春》的文章,现奉送给大家,愿每一个人青春永驻,风华长存。我的感悟会及时跟大家分享,同样,您的体会也欢迎与我和周围的老师们碰撞。"

面对这样的校长,你好意思说"不"吗?在"人"的时代,只有善于搭设情感沟通的平台,并以真诚作为情感沟通的催化剂,才能激活学校教师内心的真、善、美因子,学校才会获得可持续发展的向心力。正如有的老师所说:"我特别希望校长能接纳我们提出的'金点子',珍惜彼此之间点滴的问候、祝福,走进学校,你能感受到最真诚、最坦白、最亲和的人与人之间的关系。这样的学校才是我们向往的学校。"

3. 灵活多样的激励引导力

激励,顾名思义就是激发和鼓励。从广义上讲,激励指向个体、群体和组织三个方面,即对个体激发动机;对群体鼓舞士气;对组织塑造文化。记得一位老师曾在校园网上留过这样一段话:"有一种追求在这里流淌了100年,学校叫它信念;有一种思想在这里驻足了100年,学校称它为精神。"这种信念和精神是学校发展的不竭动力,而这种信念和精神的塑造则需要历任校长的激励和引导。比如,经常性的赠书活动、随时随地将教改信息传递到有不同需求的教师手中,让教师与时俱进;学校分管领导、教研组长带头上研究课,倡导具有实践价值和意义的常态化的公开课,让研究成为一种工作状态;定期组织老师们欣赏电影大片,感受人性、社会等多重震撼;适时安排拓展训练,让老师们在欢笑中体会合作的快乐和重要……只有掌握灵活多样的激励引导力,才能净化教师的心灵,完善教师的人格,提升教师的品位,营造良好的管理环境,释放教师压力,从而实现校长的自我减压。

（三）学会做人和放权

首先,一个好校长就是一所好学校。因此,校长首先要学会做人。校长的领导风格不一,但做人是前提。一要靠公道正派的品质感染人。客观公正地对待每一位教师、学生和家长,挡得住诱惑,耐得住寂寞。二要凭扎实过硬的作风服人。带头遵守制度,带头抓教学科研,带头做义务奉献,时时处处做表率,增强自身的凝聚力、感召力。三要以海纳百川的气度厚待人。善于解决矛盾和转化矛盾。处理领导班子矛盾,以大局为重,大是大非讲原则,工作小节不计较;处理教师内部矛盾,动之以情、晓之以理,及时解决;处理家长学生矛盾,分析比较、综合治理。四要用坦诚亲切的情感亲和人。内心时刻想着全体教师,有困难慰问到家;心中始终装着所有学生,用真情形成向心力、团结力和战斗力。

其次,校长对学校的领导,并不是事无巨细、大包大揽,而是应适度放权。因为适度放权有助于减轻校长压力。从管理的角度看,存在着一个管理层次问题,校长不能取代职能部门的具体工作。上层管理者最重要的工作内容之一就是把下层的积极性、主动性、创造性发挥出来。这就需要有效的授权。校长应充分信任师生员工,鼓励和培养积极的自主管理,可以根据学校发展目标,对包括副校长在内的中层干部以及教职工规定具体的工作目标,赋予他们相应的权力并承担相应的职责,使其各司其事、各负其责。这样校长深入基层便不再是亲自处理各类具体事务,而是宏观把握,中观指导,在某些非常棘手的问题上进行微观处理。如此不仅管理效率得到提高,校长的管理压力也会明显减轻。

（四）学会生活和减压

每个人都有压力。因此,小学校长必须认识到在校长职务方面压力存在的必然性,积极进行角色调适。不恰当的行为来自不合理的自我概念。校长也是人,要摒弃个人万能的错误观念,正确把握自己的角色。首先,既不要把自己看得太大,也不要把自己看得太小,建立合理的期待,乐观、积极、坚韧、顽强,善于在学习中不断提高自己。比如,当觉得自己处于高压力下时,应勇于向上级教育行政部门或学校师生员工坦陈自己的心理困境,以求得对自己工作的理解和支持,在这样良性的人际关系中,校长的压力会大大得到缓解。再比如,校长要抽空参加培训进修。只要能真正认识到培训进修的作用,树立终身学习的观念,就能把压力转化为学习的动力,培训进修的压力也就大大减轻了。其次,处理好工作和生活的关系,养成良好的工作习惯,提高工作效率,不要一味地在工作上消耗精力,无论怎样繁忙,都要给自己留下一点生活空间。通过娱乐、散步、爬山等活动尽量让精神上紧绷的弦有松弛的机会,积极参与集体活动和一些体育运动以调节身心。

第二节

压力与动力同在
——中层管理人员

俗话说,一个篱笆三个桩,一个好汉三个帮。学校工作千头万绪,光靠校长一个人是远远不够的,还需要一个优良的管理团队。在小学,这样的管理团队往往由副校长、教导主任、德育主任、总务主任、副教导主任、大队辅导员等多种角色组成,具体负责学校的教学、科研、德育、后勤等各方面事务的管理。他们同样也面临着重重压力。先来看某小学王副校长的感受:

【在新学期办公会上,大家一致认为:今年是赛课年,教学的工作重点就是加强教研,使本校的教师在各级、各学科的比赛中都能取得优异成绩,这才不愧为名校的师资水平。作为分管教学的副校长,王副校长的肩上顿时感到沉甸甸的。

家长会还没结束,一位教师急匆匆地来到副校长办公室,说道:"不好了,不好了,××班的家长已经联络好了,集体要求换教师,你快去看看吧。"王副校长的心瞬间就被揪起来了,他深知家长们会怎样的情绪激昂,也能猜测出他们会有哪些无理的要求,但依然要硬着头皮代表学校去面对,而且还要不厌其烦地给他们摆事实、讲道理,站在他们的立场替他们着想,直到他们能理解学校、教师的工作为止。

临近新生招生的时间,王副校长便会不自觉地失眠。因为是名校,所以很多家长会不择手段地将孩子的户口落入学区内,他们的目的很明确,也很唯一。沟通起来相当有难度,学校又没有能力全部接收。只有耗费很大的精力,逐一进行落实。这期间,不乏遇到态度恶劣的、恐吓威胁的、拉拢诱惑的等不同类型的家长,这些都需要他冷静、有策略地去解决。】

这就是王副校长工作的现实写照。工作压力大、心理负担重是不争的事实。身份决定他工作角色的特殊性:副校长既是校长的第一助手,又是中层领导的直接表率,更是广大教师的最大榜样。分管工作的落实,要靠副校长带领所属成员朝着既定目标不断前进;副校长又是中层领导和教职员工的排头兵,事情应该怎样做,他们都在看着副校长。校长的决策能否有效实施,关键在于副校长的精心部署和组织协调。优秀的思想品质和良好的心理素质是副校长必需的修养。副校长已是这样,其他干部自不必说,稍不注意就会陷入事务的陷阱,无法抽身。那么如何来自我调适呢?

一、端正角色认知,做到角色适称

角色适称是指个体的角色扮演合乎角色规范的要求。即树立正确、积极的自我概念,充分发挥角色优势。清华大学附属小学副校长窦桂梅介绍的这几条工作经验,就非常值得我们去借鉴。

(一)定位、到位而不越位

"在其位而谋其政"。对于中层干部,首先是定好位,工作才能做到位。如果把学校组织比喻为一个人的话,校长自然是大脑,是中枢,中层干部就是眼、耳、鼻、舌、身,不仅在思想、意识和价值取向方面要跟校长保持一致,还要多跑、多看、多听、多观察,多方配合协助校长把工作做好。尤其要善于在校长和教职员工之间充当润滑剂,保持团队的上下和谐、团结一致。中层干部工作到位、不越位,就要努力保证校长的核心地位,不仅要为校长当好参谋,出好主意,还要为学校发展当好参谋,以自己的专业智慧影响校长的决策,参与制定学校发展的规划方案。

（二）听从、跟从而不盲从

作为学校管理的中层,执行力非常重要。具有先进的办学理念、爱动脑筋、领会领导意图快、执行力强的干部,怎会得不到校长的赏识呢? 但是只有这些并不够,还要有过硬的专业素养,只有努力提高自身的教育教学水平,才能赢得教师与学生的尊敬。当然,跟从不是盲从,不是迎合奉承,更不是放弃原则,而是要为校长分担责任,承担重任,尤其是在自己分管的业务范围中,更要高度体现学校的办学理念,基于问题主动寻求答案,而不是找校长要条件或现成答案。要主动跟从并达成校长的思路与意图,最终呈现给校长的应该是多样化的选择而不是唯一答案。

（三）建功、立功而不居功

说到建功,就是说,中层干部虽然定位在"二传手"的角色,但同样可以"独抒性灵、不拘格套"。不能以为责任有校长负,教育教学有教师做,自己就可以轻轻松松地做万金油。中层干部要基于当年起家的本事,保住自己的看家本领,做一名有实力的干部,努力在师生中树立口碑。由于中层干部大多没有多少实际权力,实施领导与管理职责时更多地依赖于其专业能力,所以中层干部不能在意自己是"几把手",而必须"有一手"。

这里要强调的是,中层干部要立功,并非个人有所贡献,而是要善于把管理职能化作挖掘才华和组织才华的艺术,在自己的统领下,充分发挥骨干教师的管理和组织潜力,不包揽、不事必躬亲、不包办代替。

二、避免不良心态,学会自我调适

有些中层干部看到不如自己有资历、有能力的人被提拔,心理容易不平衡,抱怨组织部门考察不全面,抱怨领导偏心、群众有偏见,导致其工作积极性不高,对工作采取敷衍应付的态度。也有一些中层干部,心里想着升迁,一直在争取机会。在此心理驱使下,虽努力工作,但只希望做一些影响面大、能够给领导加深印象的活动,只做与升迁有关的事情,一旦一次次等待换来的是一次次失望,心理就会严重扭曲。还有一些中层干部,随着担任中层时间的延长,对职务的升迁、提拔变得麻木,失去了工作动力,容易满足、难以创新、不愿参与、推诿责任⋯⋯这些不良的心态都会不同程度地产生不良后果。作为学校中层干部,需要学会自我调适。

(一)正确对待职务升迁

对于自己没有得到提拔,要进行正确分析,也许别人能力更强、自己年龄偏大、更适合担任副职、还需要锻炼提高等等。升迁固然是好事,但职务高了,权力和责任也就随之增大。其实无论在哪个位置上都可以有一番作为,都可以为教师、学生做点实事。只有正确对待权与利,才能正确对待升迁。不要老拿自己和别人比较,有时不妨改变一下比较的参照点,和自己的过去比比,和目前不如自己的人比比,这样就能正确面对别人的议论,保持心态的稳定。

(二)正确进行归因

【自从成为一名教育管理者后,王玉洁看到并做了许多一个曾为一线教师从未想象和经历过的事情。今天领导安排她带三个没有课的班主任去参加区里下午组织的教师职业减压心理健康讲座,王玉洁觉得这真是件不错的事情,老师们听到这个消息后一定会很高兴。回到办公室,王玉洁马上翻看学校的总课程表,确定好参会的人员名单,并汇报给分管领导。领导通过后,她开始打电话一一通知。谁知她却一一碰壁,"不行,这两天我们班的事情特别多,我正想利用今天下午的空堂时间处理一下手头的工作,你就换别人去吧。""不行,我今天下午本来就要请假的"……种种拒绝是她万万没想到的,因为自己作为一名教师的时候,对领导安排的每一次培训都是自觉地接受,并且是心怀感激地前去参加,总认为这是开阔眼界、丰富认知的大好机会。更何况自己已兼顾他们下午没有课的情况了,更重要的是这样的讲座内容对老师而言也是有百利而无一害的。王玉洁转念一想:领导定下的名单是不能随便更改的,这次任务布置不下去,下次再给老师交办事情就更难了。于是,她便耐心对这些老师解释了安排他们前去开会的原因,特别提醒了参加这次培训对健康心理培养的重要意义。听了王玉洁的一番解释,老师们总算是答应了。】

从这个例子中,我们能学会什么呢? 对待上级领导的指示,我们要清楚领会意图,可在贯彻落实的过程中,可能会遇到种种意想不到的困难和阻力,因此要采取恰当的方式有力地执行下去,这就需要面对问题正确归因。面对领导安排的事情,不同的教师会有不同的态度,那就要对具体问题具体分析,帮助他们提高认识,扫清障碍,去面对拒绝背后复杂的心理斗争,辩证地认识并接受,就一定能找到解决问题的方法。有位教导主任根据自己招生工作中遇到的问题,总结出的"28字方针"——"坚持原则不放松,耐心解释不冲动,特殊情况有区别,自我调整不积郁",这就是对问题的正确归因,从而极大地减轻了自身的心理压力。

(三) 正确组织协调

中层干部的"中"字,说明它在中间。既是领导,又是职员,兼有领导者和下属的双重身份。不是单纯的上传下达,而是按照学校的规划和总体工作部署,创造性地开展日常工作的组织者和实施者,是学校办学目标得以实现的推动者和实践者。因此,作为中层干部,一定要正确对待领导、下属和自己,做到敬以向上、宽以对下、严以律己。"敬以向上"是需要尊敬自己的领导,但不是阿谀奉承、溜须拍马,要站在上级的角度去思考问题;"宽以对下"是需要对下属宽容,但不是听之任之、放任自流,要站在下级的位置去解决问题;"严以律己"是需要对自己要求严格,但不是只讲奉献不要回报,要以更多的办法解决问题,把所有挫折和困难都变为提升自己的良机。下面这个案例就非常典型。

【"铃……"1点20的预备铃响了,刘主任赶紧放下手头的活,拿起工作笔记冲向会议室,1点半有个教研组长会。会议开始了,在总结完前一段的工作后,刘主任说了接下来的重点工作:区级经典诵读比赛,需要中年级学生参加;课题阶段小结,要收集部分资料;区级作业展示之前,学校要组织一次作业展示;一个年级下周全区质检;按照期初教学计划,下周是教研组展示时间,各组报展示方案;学校的读书手册,还需要各级部提供一下必读和选读书目,要尽快上交……而这些工作,每一项都很重要。她讲完以后,短暂的安静,终于,有一位年纪大一些的教研组长说话了:"主任,我们知道,教学是学校工作的根本,我们也很想扎扎实实把这些工作做好,不过,最近学校的事情多你也是知道的。运动会入场式要训练要参加,开幕式观众要训练要参加,学校的艺术节也是大活动,光是彩排就占了半天时间,我们最近连作业都是加班在批,每天6点半都出不了校门,咱们有些工作可不可以推一推?或者减一减?"一石激起千层浪,组长们你一言我一语地打开了话匣子,纷纷表示有心干好,无奈时间紧、活动多,学生抓都抓不住,光是学生的思想工作,每天也要多拿出一些时间来做……

看着老师们焦急无奈的表情,刘主任突然想起了自己当班主任那会儿,每次学校布置很多工作的时候,也是经常跟同事们发发牢骚,埋怨两句,甚至也跟领导嘟囔嘟囔。现在,自己走上了管理岗位,该如何既减轻老师负担,又把教学工作抓好呢?定了定神,她对老师们说:"最近学校工作是比较多,这样吧,对于大家的建议,学校再商量一下,不管最后怎么安排,还是希望老师能多理解,谢谢大家!"后来,刘主任在校务会上把老师们的建议提了出来,商量以后,决定教研组展示暂时推后,部分教研组的展示可以跟接力课、精品课合并进行,读书手册由学校出部分书目,各级部再调整和补充。学校的调整方案得到了老师们的认可,大家高质量地完成了各项工作。】

在实际处理工作的过程中,我们经常会面对教师的牢骚和抱怨,如果单纯拿校务会决定去压教师,他们也会不情不愿地接受,可结局呢? 教师们肯定会带着抱怨去工作,效果可想而知。这样的中层干部在民主评议时普遍票数很低,因为你没有站在教师的位置上考虑问题。但考虑民意也不是一味顺从,如果这样就会把矛盾推向校长,表面上讨好了下边,实际上工作并没有布置下去,教师照样不佩服你。因此,中层干部的作用可以用三句话来描绘:落实、执行;管理、服务;联系、沟通。

(四)用好精神激励

学校群体对教师个体而言主要有归属作用、认同作用和支持作用。教师发展也是放在一定的群体之中才得以实现的。教师的归属是比较明显的,在主动选择教师职业时就有所体现;选择过后就是对学校的认同,以及对学校支持自我发展的期待。这样,教师的个人目标和组织目标之间才能同向,并能保证个体和群体的利益实现最大化。这里,可以把教师生存其中的群体分为正式群体和非正式群体,看看教师在其中的不同表现和体验(见视窗 10-1)。

从中可知,学校是教师生活的组织,学校群体(正式群体和非正式群体)对教师都有吸附作用和归属作用,所以,来自群体的激励对教师的发展具有非常重要的意义。激励一般包括物质激励和精神激励,物质激励主要是教师的待遇、奖金和福利等,而对这些,中层干部无能为力,但可以在精神激励上大做文章。那么教师的积极性到底从何而来呢? 一般而言,对教师的激励主要是针对三种不同动机。其一,社会性动机。这是建立在对教师应尽的社会责任和义务的基础上所产生的积极性。这种动机比较深刻,一旦形成就具有持久性、较强的吸附力。其二,团体性动机。教师都生活在学校之中,他对学校有认同和吸附的倾向,由此而产生了获得尊重、信任和支持的需要,当得到满足时,就产生满意的体验,从而产生积极性。其三,个体性动机,就是教师为获得某种物质的或精神的利益而产生的积极性,每个人需要的侧重点不一样,对满足的体验也不一样。教师管理,归根到底是充分发挥教师的主体能动性。尊重教师的主体能动性、调动其积极性是学校管理的出发点也是归宿。教师管理要真正体现以人为本,就要把尊重人、理解人、激励人、充分发挥人的主体能动性作为管理的核心理念。然而在现实中,往往只见制度不见人,只见条例不见激励,只重教条不重诱导,由此往往会造成教师的抵触情绪。这就需要打破此种纯格式化的管理,把管理的层次下移,通过教师的积极参与和心理支持,推动管理和改革的整体运行,由之,教师的个人目标和组织目标就达到一致,中层干部的组织压力自然也会降低。

视窗 10 - 1

不同群体的不同表现和体验

正式群体	非正式群体
由于工作需要而形成的群体,当工作不需要时,群体解散或调整,教师不再隶属于这个群体,关系自动终止。	由于感情需要集合起来的教师群体(如老乡、老同学、球友、志同道合者),他们一旦感情淡化或感情破裂,关系就会自动结束。
学校组织内有职责权的分配,每个教师的言行受组织和行业规范的约束。	群体没有组织性和纪律性,靠道义、责任和力量来约束自己的言行。
领导人物是上级任命的,就是群众选举也要上级批准。	群体中影响最大的当然是领袖,不需要经过上级任命。

[资料来源] 杨屹:《情趣教育风景线》,海洋大学出版社 2004 年版,第 110 页。

（五）正视管理细节

【为保障正常的教育教学秩序,规范办学行为,某校全面推进"一日巡视"工作。每天有一位干部对学校内一天的教育教学行为进行巡视,集体反馈。发现优点及时表扬,发现问题及时整改。为体现学校的人文管理,也为了让大家对新的管理举措有一个认同的过程,制定工作流程时,在对发现的问题进行反馈的环节上细化了步骤,对于违规的问题责任人只向各年级分管干部反馈,而面向全校老师反馈时只列举现象不点名。在某天的教学巡视中,巡视干部发现一位内退的老教师坐着上课,于是就反馈给了该年级的分管干部,根据工作流程,年级分管干部及时与这位老教师进行了沟通。老教师表示有时课较多,不能坚持。干部的建议是,如身体不适,应提前告知,如当天课太多,在后几节课学生做练习时可以稍坐一会儿,老教师当时点头接受了。在第二周周一,该分管干部将上周本级部巡视情况汇总表发给了该年级组长,其中却忘了将该教师的名字从问题一栏中划掉。当年级组长提醒这位教师时,她找到分管干部理论,认为这样不公平,认为这是在败坏自己的形象,让自己丢面子。虽经解释,但她依然非常激动地离去,分管干部也很委屈。】

从这个案例我们可以看到,"管与被管"是一对矛盾体。这所学校提倡以人为本的管理,因此在制定工作流程时,考虑到了大家对于点名的接受能力,增加了干部面谈的缓冲环节。可因为忽视了细节,却引发了老教师对干部的不满情绪,甚至前功尽弃,最终否定了前面的沟通与面谈工作,这个案例充分显示了"慎行"的重要性。同时,当学校的管理制度与特殊教师的利益发生冲突时,又该怎样去执行呢,是严守制度,还是自行变通? 其实应该是在坚持原则的前提下,全面考虑,谨言慎行。这样才会有效地减轻自己的工作压力。

第十一章

解铃还须"系铃人"
——小学班主任的压力调适

【刘老师是一名小学英语教师，一直以任课教师身份出现在学生面前。在学期开始前，他接到一个通知，学校安排他担任三年级一班的班主任。刘老师感到很惊讶，但还是调整好自己的心态，进入了班主任角色。开学一个多星期后，刘老师感叹道："班主任工作强度真的很大，以前只管把课上好了就行，现在琐碎工作特别多：从早上七点半到校就要看护学生的安全，上课、批改学生的作业，看眼操、课间操，学生请假了要抽出时间补课，碰上哪位任课教师请假班主任要立刻顶上，每周五下午大扫除……天天基本上都要到接近六点的样子才能离开学校。"为拉近和学生的距离，刘老师常常利用课余时间到班里和大家聊天，几个星期过去了，他的努力没有白费，刘老师得到了同学们的认可。虽说如此，可是孩子们在给班主任的心里话中还是写着"老师，你应该多笑一点，少严厉一点"，"老师，你要在我们面前多轻松一点"。】

班主任，我们都不陌生，有人戏称为权力最小的主任。其实，做过多年班主任的教师都了解，班主任的工作远不止刘老师遇到的那些。班主任下了班，心里还在挂念着班上的事，晚上睡觉前还要想一下明天要找哪些学生聊聊天、谈谈话，或者最近班上出现什么问题，有什么招数应对。除了学校的工作，和家长沟通也很关键，现在学生中独生子女占绝大部分，个个都是家里的宝贝，所以学生在学校一旦出现问题，家长首先就会去责问班主任,班主任说话尺度掌握不好就会造成矛盾。另外,学校对班主任制定了考核制度,考查班级也有很多指标,如卫生状况、纪律情况及学习成绩、各项活动等等,各项评估机制也令班主任感觉压力倍增。"当了这么多年的班主任,我已经当怕了,每天像上紧了弦一样,再不停下来我就要崩溃了。"我们经常能听到周围做班主任的老师这样抱怨。许多教师明显感到焦虑、抑郁,严重的还患上了心理疾病。有一项调查发现:班主任的心理压力比一般教师高,各阶段的老师存在心理健康问题的比例也有所不同。① 班主任工作压力很大,而且有些压力是岗位中不可避免的,该如何应对这些压力,该如何调整,才能更好地工作呢?

---

① 李小伟:《老师,哪来这么大"火"? 教师怎样看待心理问题》,http://www.people.com.cn/GB/jiaoyu/1055/.

第一节

才下眉头，却上心头
——班主任的压力源

　　班主任教师在学校中身兼数职，压力来自于方方面面。但仅就班主任工作本身来说，主要的压力源有四个：

一、来自工作量的压力

　　【体育课还没打下课铃，几个男学生满头大汗地冲进办公室，神情严肃地嚷着："陈老师，W 把 H 的手指踩破了！"这几个刚说完，又跑进几个女生，报告了同样内容。还没等陈老师张口，"受害者"已经抹着眼泪进来了，后面跟着几个"小警察"，怒容满面地拽着"肇事者"。正在批作业的陈老师看他们在办公室里吵吵嚷嚷，烦躁情绪油然而生。心里不禁想：怎么别的课发生了事总是先找班主任？任课老师没有责任吗？再看着眼前这堆叽叽喳喳的学生，听着他们多半是脱离了事实，添加了想象的陈述，只能无奈地放下笔，安慰受伤者，质问肇事者。学生安抚教育了，最头疼的就来了——给家长打电话。受伤者的家长往往会新账旧账一起算，数落肇事者曾经对自己的孩子造成了多少次伤害，然后不失时机地要求老师给孩子调换座位。肇事者的家长电话没打通,下午放学时,见到了肇事者的爸爸,当陈老师告诉了他孩子把别人的手指踩破时,这位平日对孩子要求"甚严"的爸爸居然像听到了一则笑话一样,笑了笑说:"哎呀,老师,他玩的时候刹不住车了。"然后再也不询问受伤的孩子伤势如何。

下班回家的路上,陈老师心里郁闷极了,可回家后还要帮助青年老师改教案,还要批学生的作文草稿。中间又接了几个家长的电话,放下电话,已经没有力气再张口说一句话。带着一身疲惫合眼睡觉,虽然很累,但入睡很难。在很浅的睡眠中度过一夜……】

这就是小学班主任职业生活的真实写照。在小学,班主任教师往往是由主课教师担任的。一、二年级基本上是语文、数学教师当班主任。从三年级开始,基本上是语文教师担任班主任,形成这一传统的原因在于语文教师每周在一个班最少有6节语文课,再加上批阅作业和作文指导,课时量最多,相比其他教师来说更熟悉这个班的学生。这对学生是有好处的,但无形中增加了主科教师的工作负担。

班主任工作事无巨细,责任心要特别强。每天忧心忡忡的就是学生的安全,担心出现体伤事故、突发事件。一旦出现,会让教师焦头烂额,打乱当天的安排,集中精力处理突发事件。此外每天的常规工作比较琐碎,如:看早自习、看两操,中午看自习、中午和下午组织放学,以及每天的卫生值日等。学校举行的活动,班主任要全力组织;平日学生在学习上和行为上出现问题,要及时对学生开展思想工作,与学生和家长沟通。可想而知,一天下来身心会多么疲惫不堪。这样的紧张忙碌是天天如此。除此以外,还要参加各种会议,应付各种总结和检查。为了提高个人的教学素质,区域和学校还会安排教师相互听课,开展教学研究,参加各种培训,还需在繁忙的教学之余挤出一定的时间去应对教育行政部门组织的考评和检查等等,班主任教师的压力之大可想而知。

二、来自特殊生的压力

教师都希望自己的学生品学兼优、身心健康、有所作为。他们为学生的品行差而担忧,为学习成绩差而着急,这是教师"良心"的体现,也是职业道德的要求。面对一个调皮捣蛋的学生,班主任既担心他会伤及自身的安全,还要及时与家长沟通,达成教育共识。但人们往往看不到这一点,体会不到教师的辛苦,把孩子的表现简单地与学校、教师挂起钩来,忽视社会、家庭的影响,忽视孩子自身的努力程度。一位老班主任说:"随着社会的变化,如今的孩子越来越难调教是不争的事实,带给班主任老师的压力也是越来越大。就拿现在自己教的这班孩子而言,自己的满腔爱心和责任心常常受到这群孩子的挑战,反复教导却收不到好的效果。"

有这样一个女孩子,平时脸上基本没有什么表情,在班里没多少朋友。一天,她负责打扫卫生时,让一位男同学把椅子搬到桌子上,男生不干,两人起了争执,男生把她推到黑板的角落,接着该男生要离开教室回家。她就火冒三丈,硬拉住这个比她高大的男生,坚决不让他回家。后来,班主任老师赶来调解,她依然坚持不放过男生,死死抓住他的书包,僵持在楼梯的中间。再后来双方的家长也赶到了学校,可是问题仍没有得到解决,六点多了,七点多了……最后,或许因为累了,她慢慢松了手,大家才把她拉了下来。

平日里,班主任老师都在应对着这些有个性的、来自各种家庭背景、不同教养方式下的孩子。这是无形的工作,无法考核、无法量化,教育的效果却举足轻重。

三、来自家长和社会的压力

【今年,郝老师新接了一个一年级的班,这个班的学生父母对自己孩子的期望值非常高,对老师也格外挑剔。为了更好地带好班,让孩子更快地适应学校生活,为了家长能及时了解孩子在学校的情况,开学初郝老师开通了校友录,每天利用课余时间在上面发帖子,内容包括反馈当天学习的内容、学生的学习状态、表扬一些纪律、学习比较不错的孩子以及家长在配合方面需注意的问题。而家长则每天登录校友录查看,如果有问题的话,还可以在上面留言,老师给予解答。有一位家长说想给孩子强化一下练习,问郝老师有没有合适的练习题。于是,郝老师就将平时积攒的一些比较好的试题发到了校友录上。可没过几天,领导就找郝老师谈话,说是接到了家长的举报,说郝老师每天反馈孩子的情况给了家长很大的压力,还说现在是素质教育,怎么老师还搞这种题海战术诸如此类的。郝老师心里很委屈,自己每天都在兢兢业业地工作,甚至是牺牲了休息时间,没想到却是这样的结果。】

从以上例子可以看出,家长们的呼声无处不在,家长们的心态和要求各异……班主任怎会没有压力?另外社会各界对班主任的角色期望太高,也让班主任倍感压力。在素质教育的浪潮下,社会各界越来越关注班主任的工作质量,他们将班主任看成纪律的维护者,希望严明公正;将班主任看作家长的代理人,要求工作耐心细致,对学生关心体贴;将教师看作知识的传授者,要求知识博大精深,无所不知。而社会中人人对班主任应做什么和怎样做都有自己的看法。这样,班主任就会受到各种相互冲突的角色期望的冲击,同时,这些角色期望也容易与教师的价值观念产生对立和冲突。曾有一位班主任无奈地说:"我们班的家长有不少是公务员,他们习惯于别人的重视与尊重,认为自己的教育理念是先进的,自己的孩子一定是优秀的,当老师对其指出孩子不足时,他们往往不肯真诚接受;尤其是孩子的成绩又不是很理想时,他们往往不从自身找原因,而是把怨气发到老师身上。"面对价值多元的社会发展趋势,学生家长的要求越来越不一样,众口难调,导致班主任不知该何去何从。在素质教育的浪潮中,较之中学,小学班主任反而成为经常遭受举报的人群,这种不安全感也成为班主任主要的压力源。

四、来自学校评价的压力

前面曾经说过,学校对教师的评价也是压力的来源。怎样评价教师,教师能否接受评价,对教师心理的影响是很大的。目前学校开展的多元德育评价,直接评价的是学生,间接评价的却是班主任。比如学校为了学生良好行为习惯和公民道德的养成,采用流动红旗的方式开展德育评价,每天根据每个班级上课队、放学队、课间操、晨会、班会、卫生等的表现进行量化评价,每周在每个级部评选出一定比例的红旗班级在全校进行表彰。评价的对象和主体是学生,这的确是公平、公正、公开的,而且这也是班主任的常规工作。可实际实施的过程中,问题却层出不穷。先是班主任反映负责检查的学生宽严尺度不一。德育主任进行了实地调查后,对此项评价进行了改革,采用双人检查轮岗制,这意味着一个班要有两个学生检查员,每个班级的检查员每周轮换一次,这样的确公平了,可又引来了新的麻烦。为了保证检查的公平性、及时性,德育主任每天都要把这些检查员聚在一起开会,这些检查员每天都需要一下课就出教室,这显然在一定程度上打乱了班级的秩序管理,因而又引发了新的不满。改革还在继续,但只要这种评价存在一天,班主任便永远没有满意的一天。因为真正原因其实来自于班主任自身,他们对评价过分看重,使得这些教师在评价中斤斤计较。

第二节

<h1 style="text-align:center">自我减压　情趣相随</h1>
——班主任的压力管理

　　记得读大学时曾听过这样一个关于压力管理的故事：

　　【讲师拿起一杯水问道："这杯水有多重？"20 克到 500 克众说纷纭。讲师回答说："实际有多重并不重要，这要看我拿着它的时间。一分钟，没有问题。如果一个小时呢，我的右臂就会疼痛。再进一步，坚持一天，你应该给我叫救护车了。当然每种情况下杯子的重量是相同的，但是我拿得越久，它就显得越沉。"他继续说道："这就像压力管理，如果总是怀揣沉重的负担，随着时间的积累，压力就会越来越大，迟早我们会崩溃掉。正如这杯水一样，你需要放下它休息一下，调整自己，继续前行。"】

　　故事告诉我们，面对压力，解决的最好方式是无论背负怎样的负担，如果可能，暂时忘掉它们。班主任合理地应对好自己所面对的压力才是最好的解决方式。下面几个简单的做法，或许能为班主任工作带来相对平静的心情。

一、积极面对，计划相随

班主任工作量大、杂事多、突发事件多，这就要求班主任沉稳缜密，计划性要强，善于从纷繁复杂的事件中找出头绪，从容应对。来看这样一个实例：

【早晨，刚到学校，周老师就接到几位家长的请假电话，孩子感冒发烧了。周老师匆匆地来到教室检查学生到校情况，发现有十位学生没有到校，马上电话询问，原来都是患上了感冒。作为班主任，周老师马上意识到这件事情非同寻常，因为现在正是甲型 H1N1 的高发期，这关系着全班 56 名学生的身体健康。周老师冷静应对，采取了以下策略：一是利用晨读和午休时间传授防控知识，当好宣传员，让学生们了解甲型 H1N1，正确预防，征得学生的认可和合作。二是追踪了解病情，当好话务员，每天做好晨检工作，登记学生到校情况，查看学生精神状态。一旦发现学生状态不佳，马上量体温，有发烧症状的及时与家长取得联系。患病的孩子劝其在家隔离休息一个星期，并坚持每天打电话跟踪了解情况，争取得到家长的支持与帮助。三是确保环境卫生，当好保洁员。第一时间开窗通风，督促孩子洗手、喝水。和孩子们一起用漂白粉对教室进行消毒处理，擦拭桌椅。每天放学卫生扫除不放过任何一个死角。】

面对突如其来的压力，这个案例给了我们以下启示：

（一）用积极的情绪面对

美国学者所罗门指出："在个体人格发展方面，教师的影响仅次于父母。一个孩子如果拥有甜蜜的家庭，享有父母的爱，又得到一个身心健康的教师，那是无比幸福的。相反，如果他既不能由父母那边得到足够的关怀与爱护，又受到情绪不稳定教师的无端困扰,必将造成许多身心发展的问题。"①许多研究表明,教师的学历、知识水平和学生的成绩并没有必然的联系,并且年龄越小的学生越容易接受教师语言态度、行为习惯的影响。如果教师经常为不良情绪所困扰,就会把烦恼、怨愤迁移到学生身上。马卡连柯以自身的体会为教师树立了榜样,他说:"我从来不让自己有忧怨的神情和抑郁的面容。甚至我有不愉快的事情,我生病了,我也不在学生面前表现出来。"②在上述案例中,教师采用了正向应激,用稳定的情绪换来了孩子们有条不紊的学习和家长积极的配合,这种平和的心态是每个班主任必备的素质之一。

（二）将最艰巨的任务放在早晨

人们总是倾向于用简单的任务开始一天的工作。而实际上,将艰巨的任务拖到后面就像伸开手臂举着杯子,开始没什么,但是随着时间的推移,你会很快感觉到压力。如果将最艰巨的任务放在早晨,这样你就能享受到效率提升及一天中剩下时间的平静带来的惬意。这位班主任正是用忙碌的早晨换来了安宁的一天。

（三）放开你不能控制的事情

当"压力"突然来临,感到措手不及是正常的,但要一再提醒自己千万不要失去耐性,不要仓促应对,此时应平静心情,合理安排各项工作。工作根据主次之分、轻重缓急,一项一项地来进行。我们常常会发现,当遇到的事情与计划好的事情发生冲突时,人们常常会因之失望、愤怒,然后跟周围的人抱怨:这不公平,为什么这种事总是让我遇到! 其实这没什么可抱怨的,突发的事件不会因为你抱怨而停止。在这种情况下,一定把你能掌控的事情做到最好,但记住不要太在意你不能左右的事情。这位班主任

---

① 蓝秀华:《教师的职业压力和职业倦怠》,《江西教育科研》,2003 年第 5 期,第 57—59 页。
② 王以仁、陈芳玲、林本乔:《教师心理卫生》,中国轻工业出版社 1999 年版,第 102—103 页。

正是因为能冷静应对,做了自己能做的每一件事,因此换来了最后的风平浪静。

二、智慧应对,爱心相随

对于班主任来说,很大的压力来自于对特殊学生的管理和教育。作为班主任,面对学生,或许自己只是他们人生长河中的一个匆匆过客,但或许也会成为他们奠定人生基础的导师。有学者曾经这样慨叹:[①]

一个好教师能告知他的学生关于许多问题的直接答案,然而最好的教师却是在不言说的情境下,期待和鼓励学生自己去思考和探究问题的求解,包括过程和结果。

一个好教师是热情亲切的谈论家,但是最好的教师知道,当他的学生用自己的语言来形容他们的思想时,自己如何保持镇定和忍耐。

一个好教师应是谦恭的,他很自然地感到所积累的有关学科的知识和智慧远比自己更为重要。但是最好的教师甚至是更谦恭的,因为他懂得尊重的重要性。

一个好教师知道他的学生必须是忠诚的负责的良好公民,但是最好的教师知道负责任、诚实和良好公民的条件不是在一门课程中"教"出来的,因为这种品质往往是在日常生活中慢慢养成的。

一个好教师力求使他的学生在他的控制之下,但是最好的教师知道首先必须能控制自己。

一个好教师得到比他人高几倍的酬劳,但是最好的教师还得到深刻的内心愉快。这种愉快是无法用言语形容,也是不能用金钱来折算的。

一个好教师的学生学完他们的课程,毕业并有了好的工作。但最好的教师的学生在每天的生活中得到回报,因为他们已经发现充满探索精神的生活是激动人心的。

这样充满智慧的案例,在教师身边比比皆是。一起来分享这样一个案例。

---

① 杨春茂:《"十五"教师队伍建设展望——访教育部人事司副司长管培俊》,《教育人事》,2002 年,第 33—36 页。

【班里有个很特殊的孩子,开学第一天就拼命违反课堂纪律,还用装满水的矿泉水瓶子打同学……任课老师问他为什么要这样做,他就钻到桌子底下怎么也不出来。闻讯赶来的周老师将孩子单独带到了办公室,抱着他跟他聊天,总算弄明白他是希望这样被老师开除,然后就不用上学了。面对这样一个贪玩的、不懂事的孩子,周老师搂着他,告诉他其实上学没有那么可怕,以前你喜欢玩的游戏现在依然可以玩,而且还有很多的同学们会跟你一起玩,上学说明你长大了,你可以学到更多的知识,得到更多的赞扬……说着说着,孩子的脸上逐渐露出了笑容:"老师,我问你,你知道恐龙是怎样消失的吗……"渐渐地,周老师发现这是一个非常爱读书的孩子,他的知识非常丰富,而且识字量远远超过其他同龄的孩子,于是就安排他做起了班里的"读书小博士"和"识字小老师"。从那以后,这个孩子再也没有厌学的表现了。】

这些案例告诉我们,只要有爱心,只要有智慧,任何问题都可以慢慢地解决,压力自然也就无影无踪了。

三、沟通应对,理解相随

学校、家庭、社会都是对学生进行素质教育的舞台,而家庭与学校教育合力的大小,对学生的发展起着关键作用。要使学校与家庭教育合力趋于最大化,其中最重要的因素当属教师与学生家长的有效沟通。

学生来自不同的家庭,有着不同的性格和认知水平。他们有的怯懦、有的害羞、有的大方、有的霸气十足……此外,在习惯、能力等方方面面也都表现出一定的差异。在与家长们交流的过程中,教师更能感受到家庭教育的差异,家长们来自不同的地域,从事着不同职业,有着不同的生活经历。他们大部分正值事业高峰期,工作非常繁忙,而在教育子女方面观念差异又很大,且很自信。如何带领家长和学生组成一个新的大家庭,并使其融入这个大家庭,这就需要班主任和家长进行有效沟通,根据不同学生的不同特点形成家校合力,共同促进孩子们的健康成长。这不仅需要耐心、真心,更需要一颗慧心。请看这样一个案例：

【刘老师今年教了一位很特殊的小男孩。课堂上小动作多，桌洞里全都塞满了东西，一天下来铅笔盒里的铅笔、橡皮所剩无几。下课喜欢打同学玩，因为迎面走来的同学没给他让路，他便大声责备并用身体去撞对方。经常会有小朋友跑来告他的状。刘老师和家长进行了及时沟通，对家长提出了一些合理化的建议，小男孩的母亲听了表示赞同，并决定试一试。可慢慢地，刘老师发现小男孩的母亲渐渐失去了耐心。在随后的交流中，她不是说自己近期工作忙，没有时间引导、督促孩子；就是说孩子放学后还要上其他兴趣班，回家后已经筋疲力尽；有时还说自己真是没有办法了，故意不管他，就想看看他能成什么样，甚至有时还推说孩子原来在幼儿园，老师都说他是最优秀的，可能是上了小学，换了新的环境，孩子不适应吧……最让刘老师不解的是一次刚刚和男孩母亲接通电话，她就诉说了很多对孩子父亲的不满，说孩子的事情以后就找他爸爸交流吧。而在和孩子爸爸交流后得知，爸爸工作很繁忙，平时根本没有时间教育孩子，在他看来孩子只要快乐就行了，却忽略了什么才是积极的快乐，怎样才能得到真正的快乐。面对男孩父母巨大的教育观念差异，面对他们相互推卸责任，面对他们的固执己见，面对他们的放任纵容，作为班主任老师怎能不感到压力呢？】

通过对这个案例的分析，我们会发现问题不只出在男孩家长身上，班主任老师在沟通上也同样出现了问题。我们建议不妨这样试试：

1. 改变沟通内容。过去更多是和小男孩父母沟通出现的问题，随后的日子里，需要将小男孩的点滴进步及时地告诉他的父母，只有树立起父母对孩子教育的信心，才能唤起他们对孩子成长的责任感和成就感，在这种积极正向的动机驱动下，父母往往会寻找更好的方法帮助孩子，也更愿意在孩子出现的问题上和老师沟通，这样问题才能得到更好的解决。

2. 主动承担责任。在和男孩父母沟通的过程中，针对学生出现的问题，班主任要首先主动承担一定的责任，并积极提出一些改进方式供家长尝试。主动承担责任会让家长产生信任感和依赖感,这是有效沟通的情感前提。另外,这也会带给父母积极的心理暗示,不再像过去一样找各种理由推卸责任。

3. 积极征求家长的意见,虚心接受,给家长表达的机会。在交流中,教师要主动征求家长的意见。比如当家长提出在学校能否请所有任课老师尽量给孩子留面子,针对出现的问题个别交流时,作为班主任一定要积极接受家长的意见,并出面去和任课老师进行沟通。因为只有教师放下了"教育权威"的架子,才会使家长觉得教师可亲可信,从而诚心诚意地支持和配合教师的工作,维护教师的威信。

4. 积极邀请孩子父母参加学校班级的各种活动。让家长来参加学校的活动,会让家长感受到学校大的教育氛围,感受到学校的制度和组织规则,感受到改变自己孩子的紧迫感。从而主动配合班主任,教育帮助自己的孩子。

教师与家长的沟通的确是一种艺术,也是一种超越知识的智慧。只要教师多几分爱心、多几分宽容、多几分尊重、多几分智慧,成为家长最值得信赖的"同盟军",这样来自家长、社会的压力也会自然消于无形。前面那个曾被家长举报的老师后来谈到,经过这个风波,郝老师懂得了在班级管理工作中,特别是要面向家长公开的内容中,有时要站在家长的角度考虑问题,这样才会赢得家长的支持。

四、自我减压,情趣相随

班主任需要从生活当中汲取丰富的营养,才能更好地转化给自己的学生,学会减压才能更好地教书育人。

(一)学会接受

人各有异,每一个学生都有着不同的性格特点和行为表现。但如果班主任去跟这样的学生较真,非要想方设法把他们收拾得规规矩矩不可,那样做不仅对自己的身心健康不利,而且也无助于学生问题的解决。接班之初,班主任教师对班级大概有所了解之后,首先要从内心接受现状,针对班级的状况制定切实可行的目标,而不要给自己施加不切实际的压力,不要拿眼下的学生和以前的学生相比,总想一代比一代强,总想一班更比一班好。这就自然会在无形当中让自己在面对学生的时候产生焦躁情绪。

(二)学会释放

有压力时不要长期憋在心里,而是要及时向学校领导、同事、朋友或者家人倾诉,从他们那里得到精神的鼓舞和支持。曾有一位班主任被学生气得甩手走人之后,含着眼泪进了校长室。通过和校长一下午的谈话,心里舒服了很多,这位老师后来说:"没有那次重要的谈话,或许我没有继续带这个班的勇气,也就换不来这个班如今的变化。"另外,当"压力"过大时,不妨利用节假日,和家人、朋友一起去郊外爬山,到农村、到周围城市看看风土人情,运动不但可以缓解紧张的情绪,还能调节疲惫的身心,转移人的注意力,暂时忘却压力的存在。总之,学会放松,才能让身心从工作压力中彻底解脱出来,恢复或者保持良好的状态。

(三)培养爱好

听音乐、做菜、看书、运动等这些有益身心的活动或者你喜欢的爱好都可以舒缓紧张的神经,使身心得以放松。比如:列出3件你喜爱的事情。像这个屋子我最喜欢的3个地方,或这个星期我最喜欢的3件事,或是其他什么。在心情郁闷或极度压抑的时候,这个技巧就会显得尤为有用,能把不良的情绪立即一扫而光,代以幸福和平静。再比如走向窗前深呼吸。将注意力集中到呼吸上并忘掉其他的一切。这听起来相当简单,但是这样做确实能立即给你带来平静的心情,忘掉一切,让自己的内心变得淡定从容。

（四）学会取舍

有一则小寓言,说有一种小虫子很喜欢捡东西,在它爬过的路上,只要是能碰到的东西,它都捡起来放在背上,最后,小虫子被压死了。人不是小虫子,但所作所为又极像那只小虫子,总是贪求太多,把重负一件一件披挂在自己身上,舍不得扔掉。假如能学会取舍,学会轻装上阵,学会善待自己,人还会被生活压趴下吗?的确,想想并不曲折的人生道路,升学、就业、工作、结婚、培养下一代……我们的每一个足迹都是一次次压力的结果。没有压力,我们每个人的生活也许都会是另外一个模样。当我们尽情享受生活的乐趣的时候,都应该对当初让我们头疼不已的压力心存一份感激。

生活本来就是丰富多彩的,我们需要一帆风顺的快乐,但也要接受挑战和压力带给我们的磨练。以愉悦的心态接受压力、化解压力,这样我们的生活才会更加美好、幸福!

第十二章

幸福从"心"开始
——小学科任教师的压力调适

7:00	到校,制作当天的教学课件
7:40—8:00	在走廊护导,维护走廊秩序和学生安全
8:00—8:30	晨读时间,讲评书中的练习题
8:30—10:00	上完两节数学课,课间在走廊护导
10:00—11:30	批改两个班的学生作业,约110本
11:30—11:45	吃午饭
12:00—12:30	继续批改学生作业
12:30—13:00	在走廊护导,穿插面批学生的改错
13:00—13:30	利用午自习时间,讲评昨天作业中出现的问题,批改
13:30—13:45	针对某生抄袭别人作业,进行面谈
13:50—15:00	和领导、专家一起研究教材,确定出公开课的课题
15:15—15:50	上课
15:50—16:15	某家长来访
16:20—17:00	在原来备课的基础上,备第二天的课,制作课件
17:00	下班,盘点一天的工作,还有两件工作没有完成

(1)写一份数学试卷评优的总结。

　（2）翻阅 1—12 册小学数学教材，对照五年制和六年制的教材，列出目录，自选出 2—3 个课题，为公开课做好前期准备。

18:00—21:00	晚上在家，和孩子共度亲子时间
22:00—23:30	坐在电脑前，整理一天的工作头绪，撰写试卷评优总结
次日 5:00—7:00	继续昨晚没有完成的工作，头脑昏昏沉沉的
7:20	出门，上班。打起精神迎接又一天的工作

　这是一位数学教师一天的工作安排，盘点了过去的 24 小时，他惊奇地发现，原来每天和同事都在这样高负荷地工作、学习和生活着。

第一节

教与学的双重夹击
——科任教师的压力来源

学科教师的主要职责无疑是教学。因此,对学科教师来说,压力主要来自于教与学两个方面。

一、来自教的压力

(一)教学研究

作为一名学科教师,上好课是基本要求,可这并不容易做到。在凸显教师专业化发展的今天,社会对教师的专业素质尤其是学科素养提出了更高的要求,除了教材分析、学科研讨之外,几乎每一个教师在每个学期都会经历上课、听课、评课的磨练。

【学校承担全市的课题阶段推进会,周老师接到了举行公开课的任务。这次课题会不论对学校还是对个人而言,都是一个面向全市展现教学水平的机会。周老师深感任务的艰巨:只能尽力做好,没有退路。于是在接下来的日子里,周老师与同组的老师反复分析教材,根据自己的教学特点先选择了两个课题,然后经过与区教研员交流,最后确定了课题。离正式上课还有两个星期,周老师在大家的帮助下,反复钻研教材、修改教学设计、推敲教学策略。那段日子几乎每天都在试讲、研讨,再试讲,再研讨的过程中度过,课题会这天终于到来了,周老师总算完成了任务,得到了与会领导和老师们的高度肯定!周老师说:"这个过程真的很累,每次备课熬到深夜时也有过想放弃的念头,但是只要想起大家对自己的信任,就又咬咬牙打起了精神……"】

这是一位教师举行公开课的全程体验。举行公开课给教师的专业发展搭建了很好的平台,但也带来了很大的压力:害怕临场发挥不好,给学校教学研究带来困难;害怕体现不出教研员的教学意图,辜负了同事们日夜帮忙研课的辛苦;更害怕在课堂上引导不到位,影响了孩子们对知识的掌握。

(二)课堂掌控

对于学科教师而言,要想上好一堂课,首先要有好的课堂秩序。可是面对一群自控能力薄弱、逻辑思维缺乏、玩心十足、聪明有余而努力不足的小学生,每一节课似乎都是在斗智斗勇。

【作为信息技术教师,平时最头痛的问题就是难以控制学生上课时玩电脑游戏。上新课时,刘老师都会用教学广播网把所有学生的机器全部控制住,可有一次却仍然发现一个孩子在玩游戏,原来他把网线拔了。于是刘老师放弃了原来讲的新课,开始和学生们一起比赛玩游戏。比赛的结果,学生战胜了老师,教室里一阵欢呼,刘老师趁机问:"你们敢和老师比赛做游戏吗?""做游戏?""怎么做?"同学们纷纷议论起来。刘老师接着说道:"你们看,刚才我们玩的射击小游戏,它就是利用 FLASH 软件制作的,下面老师给你们制作一个刚才游戏中"小人旋转"的动画。于是刘老师制作出某位同学照片旋转的动画,所有的学生看到后都禁不住哈哈大笑起来,纷纷请求自己试做。刘老师发现所有的同学都在认真地尝试,大家互相欣赏着对方的作品,彼此分享着成

功的喜悦,整个微机室欢声笑语,热闹非凡,到处都洋溢着成功的自豪感。】

乍一看这个案例,我为老师的智慧所折服,毕竟这样的教育智慧并不多见,而且顺应了学生的发展需要,契合了学生的兴趣需求。可慢慢思量之下,这个案例却引起了我深深的反思。首先,教学是有进度的,教学内容的安排是循序渐进的。如果每一节课都从学生临时的兴趣点出发,那教学的进度如何把握,教师的主动性从何谈起?其次,这个学生的问题毕竟是少数,因为个别学生的问题而忽视大多数学生良好的学习状态,这样是否合适?再次,这个学生的问题显然是自控力不足,教师采取这样的行为是不是有纵容和迁就之嫌?老师并没有从根本上解决该生的问题。可见,活而有序,谈何容易!在教育教学中,既要激发学生的学习兴趣,发挥学生的主观能动性,让他们积极主动地参与到教学中来,又要充分发挥教师的主导作用,让学习和思考体现在教师的引导之下。同时要注意处理好教学中的突发事件,引导学生养成积极的学习习惯,这种掌控并不是每个教师都能轻松驾驭的。

(三)质量监控

一位老师如是说:"周一科学学科教研时,分管领导非常严肃地宣布了上一次区科学质检成绩非常不理想的消息,并要求每位科学教师认真反思日常课堂教学,在下一次质检中争取成绩有大幅度提高。科学学科是以培养学生科学素养为宗旨的启蒙课程,如何在学生参与科学探究的同时,提高学习效率,增强学生应用科学知识的能力,作为一名兼职的科学教师,在有限的40分钟课堂教学中做到这些,我感到有很大的压力。"

教学研究的目标是提高教学质量,而考试作为教学质量重要的考量手段,成为始终压在教师心中的一块巨石。在取消小学升学考试,实施素质教育新政策的今天,分数已不再是学生和家长的唯一,却成为学校和教师保证质量的底线,成为教与学的矛盾集结点。每到学期末,学校都会对教师进行终端评价,特别是在组织统一考试时,评价的力度更大。这就迫使教师从学期开学的第一天起,就要开始考虑这些评价问题,教师之间的实际竞争还是很激烈,大家都在想方设法将自己班的成绩提上去。有时同学科老师、同年级班主任之间甚至会相互猜忌、明争暗斗。

二、来自学的压力

(一) "业"海无涯苦做舟

"你说,第几次不交作业了?你把自己的承诺当什么?还想不想学了?"面对多次不写作业、上课开小差做小动作的同学甲和乙,周老师又一次情绪失控。

随着期末的临近,乔老师发现很多时候为了追作业,自己已是精疲力竭。虽然,每当这个时候,她就不断告诉自己:他们是孩子,要允许犯错,要耐心,要注意方法。可是,每当这些问题重复出现,她心里像堵了一块大石头,喘不动气,异常的烦闷……

这种熟悉的镜头几乎天天发生在老师的身上,每次布置作业,总有个别学生不做或草率应付,不管是批评指责,还是给他们讲道理,部分学生总是把老师的话当作耳旁风。作业做不好,既影响了他们自身对知识的进一步巩固,也给老师带来了管理与再次补课的压力。

(二) 天涯何处无"学困"

随着教学经验的不断增长和教学方法的积累,教师的压力已不再是怎样上好一堂课,而是如何让每个学生都能喜欢这门课。可面对千差万别的学生,这谈何容易!比如英语学习,一开始,学生都出于一种新鲜感、好奇心,学习的劲头很足。但随着词汇量增多,难度增大,在英语大门外徘徊的"门外汉"越来越多,想要努力做到"一个都不能少"似乎只能成为一种梦想,后进生的转化确实存在不小的压力和难度。在这方面谭老师深有感触:

【我所教的班里有一个小男孩，从一年级开始英语学习就比较困难。他的父母的年龄较大，文化水平较低，语文数学还勉强可以在家辅导一下，英语就不行。每次上课他总是什么也听不懂。针对他的这一情况，我除了上课多提问，课下只能通过自习课、午休时间给他补课，希望缩小他跟别的学生的差距，但效果并不明显。究其原因，首先，作为英语老师，我教的班比较多，每个班都有几个学习较差的学生，不可能把精力全放在一个人身上。其次，我发现英语较弱的孩子大部分语文、数学也存在问题。因此经常会出现这种现象，当你要给一个学困生补课的时候，发现他不是在补语文，就是在补数学。再次，大部分的落后生都有一个共同现象，就是家长不懂英语，回家不能进行辅导，也不会引导学生在家进行英语知识的复习和巩固。因此，日积月累，学习就很困难。】

面对这一现状，老师们也想了很多方法，比如课上积极鼓励，课下按时补课，课后多找家长，实施一对一传帮带等等，耗费了大量精力，但只能改进而不能从根本上改变，而且永远没完没了。

（三）活动竞赛的尴尬

小学里学生的活动与竞赛特别多，这也是学生全面发展所必需的，可一天只有那么几个小时的在校时间，就难免出现这样的尴尬。参加活动的、外出比赛的、生病请假的，老师上课时间经常发现因为各种原因有的孩子不能到班里上课。教三个班，落课的经常是几个甚至十几个孩子。于是这样的压力也就迎头而来：

【"老师，我们来补课！"中午刚吃完饭，纪老师正准备处理桌子上堆积如山的作业，两个学生推门而入。"好的，你们是缺了哪一课？""他是这一课，我是这一课。""好，先坐下……""报告老师，我们也缺课了……"下午第一节课的铃响了，还有一个学生没有补完。"老师，要不放学后，我和班里另外两个一起来吧，他们也落课了，哦，还有上次

听写他们也没做……"这时疲惫的纪老师只有点头的力气了……】

　　而对于音体美教师来说,如何保证学生参加活动训练、赛出成绩则是他们的压力所在,于是常常会听到学校的大喇叭见缝插针地广播各种各样的活动通知,可总也凑不齐人。放学以后和周末是唯一没有人和他们"抢"的训练时间,可老师的休息呢,却没有人关心……

第二节

做一个具有幸福感的教师
——科任教师的压力管理

幸福感是人类个体认识到自己的需要得到满足以及理想得以实现时产生的一种情绪状态,是由需要(包括动机、欲望、兴趣)、认知、情感等心理因素与外部诱因的交互作用形成的一种复杂的、多层次的心理体验。教师的幸福感指的是在基本的物质生活需要得到满足的基础上的精神幸福,它不仅来自生活,更多地来自于教师在从事这个职业时的积极创造,来自于他在教育过程中的角色体验,是教师在自己的教育工作中自由实现职业理想的一种教育主体生存状态。[①]

一个不快乐又没有幸福感的老师,必然会给学生带来灰色的情感影响,进而不仅影响学生的学业,而且对学生的人格成长和整个人生产生负面影响。提升教师的幸福感,既需要教师从自身做起,又需要学校提供支持。

---

① 朱新秤:《教育管理心理学》,中国人民大学出版社 2008 年版,第 224—225 页。

一、从教师自身做起

（一）提升自我职业价值观，感受职业的快乐

根据马克思、恩格斯对于不同社会状态下人的自由程度的不同而划分，可以将教师的职业生存状态分为生存型、享受型和发展型三种。[①]"生存型"教师处于以教师职业谋生和养家糊口的状态，即主要是从生存出发，站在功利的角度，被动、消极地看待自己的职业，由于他们从事这一职业更多是出于无奈，因而感到困惑和痛苦。在"生存型"教师身上我们看到的是对职业的厌恶和疏远，教师与职业是分离的。"享受型"教师处于体验人生和品味幸福的状态，即教师主要是从兴趣出发，处在非功利的角度，以对教育事业、学生的热爱来对待自己的职业，他们从事这一职业是因为自己喜欢，因而感到快乐和幸福。从"享受型"教师身上，我们能感受到他们对教师职业的热情和积极的态度，教师与职业是融为一体的。"发展型"教师则处于服务奉献社会和完善自我的状态，即主要是从自身和社会需要出发，站在超功利的角度，以完善提升自我、为社会做贡献的立场看待自己的职业，他们从事教师这一职业是为了过一种更有意义的生活，因而感到崇高而有价值。在"发展型"的教师身上，我们看到他们提升自己的迫切愿望和富于创造性的教育智慧，这种教师是超越职业的、以"教育家"为发展目标的。从上述三种教师职业生存状态的类型来看，教师的幸福来自于把自己的生命融进职业生活中，并从职业中得到快乐和发展的一种状态。"享受型"和"发展型"教师因为能从工作中获得深刻的愉悦感受和强烈的精神震撼，因此才有深刻的幸福感。这不仅是教师自身的幸福，也是学生的幸福和社会的幸福。

---

① 张凤琴：《教师职业价值观——教师职业发展的内在动因》，《内蒙古师范大学学报（教育科学版）》，2004年第3期，第64—66页。

（二）提升学科专业素养，享受课堂的快乐

教师只有专心研究教学，探究教学规律，创造性地开展教学，才能更多地体验到职业本身的幸福感。为此，要深入研究教材，关注相关学科的前沿动态，努力钻研教学方法与教学技术，营造一个充满活力的课堂，在日常课堂教学中享受教学的快乐。一位科学老师谈起自己的课来就是这样津津乐道的：

【在学习《猫和兔》一课时，我提前准备好几只小猫和小兔子，导课时先给同学们猜了两个关于猫和兔的谜语，然后说："今天老师带来了小猫和小兔子，现在老师想把这些小动物交给你们'领养'，你们愿意吗？"学生一听老师这么说，兴趣就马上来了，然后我开始因势利导："要养好小动物必须对它们有所了解，关于猫和兔你们都有哪些了解？"在学生充分交流生活经验的基础上，我引导学生对两种小动物进行正确的观察、比较和交流，同学们都在很主动地学习关于猫和兔以及其他哺乳动物的特点。这样的课堂气氛活跃，学生兴趣盎然，我也上得轻松愉快！】

你看，老师最大的满足感就在于学生喜欢上你的课，或者因为喜欢你而喜欢你的课，这是最直接的职业幸福感。

（三）积累教育的智慧，醉心育人的快乐

教师职业幸福感最重要的源泉应该是学生的成功和学生对老师的真情回报，但要让学生感恩并尊重教师，教师就必须关爱学生、尊重学生，而做到这一点并不容易。赞科夫说，"当教师必不可少的，甚至几乎是最主要的品质就是热爱学生"。只有给予学生爱，让学生感受到爱，体会到被爱之乐，他们才会学着去爱别人，也会从内心里真正爱老师。比如，平时，教师要注意对学生问寒问暖，这样才能做一个深受学生喜爱的好

老师。再比如,如果面对学生的偶然犯错甚至是冒犯自己,能宽容地因势利导,必定能赢得学生的敬重。一个老师赢得了学生的喜爱与敬重,那么他就能感到快乐和幸福。

(四)提高沟通能力,享受关系融洽的快乐

教师不仅要善于关爱学生,与学生分享知识和经验,而且要善于与同事、与学生家长进行平等的交流与合作,从多方面吸取教育的智慧,融洽各个方面关系,也是教师幸福感的来源之一。这部分内容已经在第八章进行了详细的分析,不再一一赘述。

(五)打理好家庭,享受日常生活的快乐

幸福不仅仅来自工作,来自学生,也来自生活。家人、朋友是幸福生活不可或缺的一部分。教师在平日里要多多关注自己的家人,多关心另一半,抽出时间来为对方做一顿丰盛的餐饭,精心为对方洗好一件衣服,双方要多理解与交流;要抽出时间来陪孩子玩或做作业,还要腾出空间来陪老人聊聊天,精心经营好自己的家庭。同时,也要与朋友经常沟通、交流,或一起娱乐休闲。家人与朋友是人生中最为宝贵的资源,他们能给予教师工作、生活强大的支撑。不仅能丰富教师的生活,也能使教师调整心态,提升教学与生活的激情,从而更好地提升教师的幸福感。

二、从工作环境谈起

提升教师的幸福感,不仅需要教师自身的努力,也需要学校积极改善学校文化环境,确立以师为本的管理理念,营造和谐的校园环境。[①]

---

① 杨雪琴、王国忠:《提升教师幸福感的思考》,《学校党建与思想教育》,2011 年第 1 期,第 48—49 页。

（一）真正以师为本，给予教师人文关怀

以师为本，就要保障教师的民主权利，保障教师参与有关其利益的决策过程，保障教师享有自我管理、自我教育、自我发展的权利，采取多种方式和渠道让教师参与学校管理，充分调动教师的积极性、创造性，提升教师的自我价值感；以师为本，就要尊重教师、关爱教师，为教师的工作、生活和学习排忧解难。

（二）全心全意服务，构建和谐的人际关系

教师具有较强的平等观念，能够得到学校尤其是领导的尊重、理解，是教师感到快乐、轻松和幸福的源泉。雨果说，"生活中最大的幸福是有人爱我们"。学校领导要在尊重、关爱教师方面做出示范。同时学校要创造让教师有效沟通的机会，让学校内的各个体之间、个体与群体之间、群体与群体之间都可以进行思想交流、情感沟通，品味精神的愉悦。另外，对教师间拉帮结派、勾心斗角的行为要予以批评和制止，弱化竞争，在精诚合作中缓解教师压力，让教师在和谐的人际环境中快乐工作、愉悦生活。

（三）探索发展性评价，建立有效的激励机制

公正、肯定性的评价有利于增强教师自尊心，提高教师的积极性，提升教师的幸福感。要把建立公正合理的评价激励机制作为学校管理的中心环节，通过建立着眼于提升学生素质的教学评价机制，促进形成使教师得到职业幸福的评价导向，让更多的教师把工作当成享受，并在工作与奉献中体验幸福、拥有幸福。发展性教师评价制度就是以促进教师的专业发展为目的，在没有奖惩的条件下，通过实施教师评价，达到教师

与学校共同发展,个人与组织共同发展的双赢结果。[①] 评价所秉承的发展性原则、诊断性原则、反馈性原则、民主性原则、科学性原则,不仅可以确保评价结果的可靠、客观和准确,而且能够调动教师的参与意识,激发教师的积极性,在正向激励中提升学科教师的职业幸福感。

---

① 王斌华:《教师评价:绩效管理与专业发展》,上海教育出版社 2005 年版,第 31 页。

主要参考文献

［1］艾娟,郑涛,尚晓丽:《教师自我效能、集体效能与教师压力状况的关系研究》,山东师范大学学报,2005 年第 4 期。

［2］［美］Brian Luke Seaward:《压力管理策略:健康幸福之道》,许燕等译,中国轻工业出版社 2008 年版。

［3］蔡金花:《广州市天河区小学教师职业压力的来源及其管理策略研究》,华南师范大学硕士学位论文,2005 年。

［4］陈村河:《国营事业民营化留用员工之工作压力研究》,国立中山大学人力资源管理研究所硕士论文,2000 年。

［5］陈华:《中小学教师压力与教师发展》,南京师范大学硕士学位论文,2004 年。

［6］陈红敏,赵雷:《理性情绪疗法原理及其在学校中的运用探讨》,《社会心理科学》,2004 年第 2 期。

［7］陈庆:《兰州市城关区小学教师职业压力现状及对策研究》,西北师范大学硕士学位论文,2006 年。

［8］陈燕,陈家麟:《教师之间的人际关系对学生心理健康的影响》,《辽宁教育》,2005 年第 9 期。

［9］崔峰:《教师的三种人际关系》,《班主任之友》,2008 年第 2 期。

［10］杜道雯,何斌,周硕,彭育东,李忠权:《小学教师压力现状调查与研究》,《新课程研究》,2008 年第 10 期。

［11］杜道雯,何斌,周硕,彭育东:《农村小学教师压力现状及缓解的对策》,《湖北教育》(教育教学),2008 年第 10 期。

［12］段新满:《加强教师队伍建设　优化校园和谐氛围》,《江汉石油职工大学学报》,2009 年第 5 期。

［13］冯招琴:《调节教师与家长的关系》,《新课程》,2010 年第 10 期。

［14］高玉祥：《健全人格及其塑造》，北京师范大学出版社 1997 年版。

［15］耿敏，李洪玉：《中小学教师职业压力的现状研究》，《教育科学研究》，2008 年第12 期。

［16］龚鹏：《"生态型"校园呼唤和谐的教师人际关系》，《中国电力教育》，2008 年第19 期。

［17］龚孝华，吴开华，贾汇亮：《校长专业发展与能力建设研究》，中国轻工业出版社2008 年版。

［18］龚艳平，龚爱清，蔡翔：《职业压力的理论研究评述》，第八届中国青年运筹信息管理学者大会论文集，2006 年。

［19］郭念锋主编：《心理咨询师》（基础知识），民族出版社 2005 年版。

［20］郭念锋主编：《心理咨询师》（三级），民族出版社 2005 年版。

［21］韩磊，姜能志，王鹏，高峰强：《应对效能、工作压力与教师职业枯竭的关系》，《心理与行为研究》，2007 年第 5 期。

［22］黄希庭：《人格心理学》，浙江教育出版社 2002 年版。

［23］黄希庭等：《健全人格与心理和谐》，重庆出版社 2010 年版。

［24］江琴，赖徐华：《如何控制愤怒》，《厦门科技》，2004 年第 5 期。

［25］金梁：《教师身上有几座"山"》，《青年教师》，2002 年第 2 期。

［26］李虹：《教师工作压力管理》，中国轻工业出版社 2009 年版。

［27］李琼，王松丽，张艳：《教师工作压力对职业倦怠的影响：一个路径分析》，《教育学报》，2009 年第 5 期。

［28］李向群：《中小学教师职业压力及应对策略》，山东师范大学硕士学位论文，2006 年。

［29］李孝川：《教育改革背景下教师压力的原因分析和缓解策略》，华南师范大学硕士研究生学位论文，2006 年。

［30］李晔，刘华山：《教师效能感及其对教学行为的影响》，《教育研究与实验》，2000年第 1 期。

［31］蓝秀华:《教师的职业压力和职业倦怠》,《江西教育科研》,2003 年第 5 期。

［32］［美］Lynda Fielstein，Patricia Phelps:《教师新概念—教师教育理论与实践》,王建平等译,中国轻工业出版社 2002 年版。

［33］林荣真:《乡镇小学青年教师职业压力的现状反思与应对策略》,《中小学心理健康教育》,2007 年第 9 期。

［34］凌宇,凌云:《浅析教师的情绪管理》,《教书育人》,2005 年第 12 期。

［35］刘蕾:《高中教师压力来源及解决对策》,《时代教育(教育教学版)》,2009 年第 9 期。

［36］刘晓明:《职业压力、教学效能感与中小学教师职业倦怠的关系》,《心理发展与教育》,2004 年第 2 期。

［37］刘晓明等编:《高校教师工作压力管理》,中国轻工业出版社 2010 年版。

［38］刘学兰:《小学教师不良情绪的调节》,《小学教育》,2010 年第 3 期。

［39］刘艳莉:《调动积极情绪提高教学效果》,《宿州教育学院学报》,2005 年第 3 期。

［40］刘雨菲:《浅谈教师与学生沟通的方法和艺术》,《天津教育》,2009 年第 5 期。

［41］［美］迈克尔·E·罗洛夫:《人际传播———社会交换论》,王江龙译,上海译文出版社 1991 年版。

［42］孟丽丽,司继伟,徐继红:《教师职业压力研究综述》,《山东教育学院学报》,2006 年第 3 期。

［43］潘海燕,夏循藻:《骨干教师成长的秘诀》,中国轻工业出版社 2007 年版。

［44］［美］Ralph Fessler、Judith C. Christensen:《教师职业生涯周期——教师专业发展指导》,董丽敏,高耀明等译,中国轻工业出版社 2005 年版。

［45］"山东省小学教师队伍质量研究"课题组:《山东省小学教师队伍质量现状抽样调查分析报告》,《淄博师专学报》,2010 年第 2 期。

［46］司继伟,王金素:《引发中小学教师职业倦怠的教师评价因素》,《山东师范大学学报》(人文社会科学版),2007 年第 2 期。

［47］司继伟,王金素,王冬梅,孟丽丽:《经济发达地区小学教师职业倦怠的现状及影

响因素》,《山东教育学院学报》,2007 年第 1 期。

[48] 孙立平:《教师与家长沟通的技巧》,《班主任》,2009 年第 1 期。

[49] 孙远航:《新时期中小学校长领导力的提升》,陕西师范大学出版社 2008 年版。

[50] 汤林春,张文周,朱光华:《城市中小学教师工作压力的现状与对策》,《上海教育科研》,2009 年第 9 期。

[51] 唐丁方:《中学教师工作压力源的研究》,《内蒙古师范大学学报》(教育科学版),2007 年第 8 期。

[52] 唐应创,谭贤政:《中小学教师压力产生的原因探析》,《桂林师范高等专科学校学报》,2005 年第 4 期。

[53] 田园:《教师的情绪管理》,《河北教育》,2004 年第 7 期。

[54] 王斌华:《教师评价:绩效管理与专业发展》,上海教育出版社 2005 年版。

[55] 王金素:《中小学教师自我价值感、应对方式与职业倦怠的关系》,山东师范大学硕士学位论文,2008 年。

[56] 王蔚虹:《国外教师职业生涯周期研究述评》,《集美大学学报》,2008 年第 2 期。

[57] 王以仁,陈芳玲,林本乔:《教师心理卫生》,中国轻工业出版社 1999 年版。

[58] 汪向东,王希林,马弘编著:《心理卫生评定量表手册(增订版)》,中国心理卫生杂志社,1999 年。

[59] 魏开效,李丰举,李晶:《教师压力感受与个性及心理健康的相关性研究》,《中国学校卫生》,2005 年第 1 期。

[60] 韦有华,汤盛钦:《COPE 量表的初步修订》,《心理学报》,1996 年第 4 期。

[61] 文红玉,李小英:《教师压力:成因分析与应对策略》,《当代教育论坛》,2006 年第 12 期。

[62] [美]Walt Schafer:《压力管理心理学(第四版)》,方双虎译,中国人民大学出版社 2009 年版。

[63] 伍新春,张军编:《教师职业倦怠预防》,中国轻工业出版社 2009 年版。

[64] 吴迎春,郑琳琳:《对小学教师压力影响源的研究》,《辽宁教育行政学院学报》,

2005 年第 1 期。

[65] 肖庆华：《变革中的教师职业倦怠及其对策》，《当代教育科学》，2008 年第 5 期。

[66] 邢少颖等：《试论教师完美人格的塑造》，《教育理论与实践》，2001 年第 1 期。

[67] 徐富明：《中小学教师的工作压力现状及其与职业倦怠的关系》，《中国临床心理学杂志》，2003 年第 3 期。

[68] 许延礼，高峰强：《高中教师工作压力、心理健康及其关系的研究》，《山东理工大学学报》（社会科学版），2003 年第 5 期。

[69] 阳东：《中小学校长能力要素与领导能力浅谈》，《中小学校长》，2009 年第 7 期。

[70] 杨春茂：《"十五"教师队伍建设展望——访教育部人事司副司长管培俊》，《教育人事》，2002 年第 4 期。

[71] 杨佃霞，王金素，司继伟，王冬梅：《小学教师自我效能感、教学效能感与职业倦怠的关系》，《中小学教师培训》，2008 年第 6 期。

[72] 杨坤据：《小学班主任工作压力的调查研究》，《新课程》，2010 年第 3 期。

[73] 杨雪琴，王国忠：《提升教师幸福感的思考》，《学校党建与思想教育》，2011 年第 1 期。

[74] 杨屹：《情趣教学风景线》，中国海洋大学出版社 2005 年版。

[75] 杨艺：《县城普通小学教师焦虑心理探析》，《广西教育学院学报》，2004 年增刊 1 期。

[76] 姚立新：《教师压力管理》，浙江大学出版社 2005 年版。

[77] 姚立新：《教师，要学会控制愤怒》，《中国教师》，2009 年第 7 期。

[78] 衣明：《谁来帮我们找回快乐》，《教师新概念》，2007 年第 1 期。

[79] 伊廷伟：《国外校长应对压力的 30 种方法（上）》，《校长阅刊》，2006 年第 1 期。

[80] 阴山燕，赵丽霞：《小学教师职业压力与社会支持的关系研究》，《中国健康心理学杂志》，2010 年第 7 期。

[81] 俞劼：《实践取向——小学教师教育教程》，教育科学出版社 2007 年版。

[82] 曾少云：《浅谈教师情绪管理》，《科教论坛》，2008 年第 15 期。

[83] 章剑和:《用转移法摆脱负面情绪》,《中学生读写》,2005 年第 1 期。

[84] 张凤琴:《教师职业价值观——教师职业发展的内在动因》,《内蒙古师范大学学报》(教育科学版),2004 年第 3 期。

[85] 张敏:《长春市小学教师职业压力调查及其对策研究》,东北师范大学硕士学位论文,2007 年。

[86] 张建东:《农村贫困地区小学教师职业压力研究》,西北师范大学硕士学位论文,2009 年。

[87] 张文秀:《负性情绪、情感与教师心理调适》,《前沿》,2008 年第 12 期。

[88] 张文渊:《对中学教师人际关系满意度的思考》,《师资培训研究》,2003 年第 1 期。

[89] 赵昌木:《教师成长论》,甘肃教育出版社 2004 年版。

[90] 赵国秋:《心理压力与应对策略》,浙江大学出版社 2006 年版。

[91] 赵现中,马兵,王明辉:《小学教师职业压力和应对方式关系研究》,《中国健康心理学杂志》,2009 年第 5 期。

[92] 曾少云:《浅谈教师情绪管理》,《科教论坛》,2008 年第 15 期。

[93] 郑晓芳,崔醐:《中小学教师职业压力、人格特征与职业倦怠的关系》,《医学与社会》,2010 年第 3 期。

[94] 仲达:《掌握和控制愤怒》,《家长》,2009 年第 8 期。

[95] 朱从书,申继亮,刘加霞:《中小学教师职业压力源研究》,《现代中小学教育》,2002 年第 3 期。

[96] 朱敬先:《健康心理学》,教育科学出版社 2002 年版。

[97] 朱新秤:《教育管理心理学》,中国人民大学出版社 2008 年版。

[98] 紫彦:《教育蓝图》,广州出版社 2000 年版。

[99] French, J. R. P. , & Kahn, R. L. (1962). A Programmatic Approach to Studying the Industrial Environment and Mental Health. Journal of Social Issues, 18, 1 - 47.

[100] Geurts, S. A. E. , Gründemann, R. W. M. (1999). Workplace Stress and Stress Prevention in Europe. In: Kompier, M. A. J. , Cooper, C. L. (Eds.). Preventing stress, Improving Productivity (pp. 9 – 32). London: Routledge.

[101] Kobasa, S. , Maddi, S. & Kahn, S. (1982). Hardiness and Health: A Prospective Study. Journal of Personality and Social Psychology, 42(1).

[102] Kyriacou, C. & Sutcliffe, J. Teacher Stress: Prevalence, Sources and Symptoms. British Journal of Educational Psychology, 1978,48(2).

[103] Lazarus R. S. & Folkman S. Stress, Appraisal and Coping. New York: Springer, 1984.

[104] Maddi, S. R. , & Kobasa, S. C. (1984). The Hardy Executive: Health under Stress. Homewood, IL: Dow Jones-Irwin.

后记

　　随着现代社会的快速发展,工作压力及其应对方案逐渐成为诸多学科关注的热点之一,其中就包括心理学。工作压力管理现已成为个人发展和组织管理的一项重要内容。

　　小学教师承载着传播人类文明、造就新一代社会主义接班人的伟大职责。由于小学儿童所处发展时期的特殊性,小学教师的言行对学生的成长有着重大而直接的影响。教师的身心健康也直接关系到广大学生的身心健康,而教师职业已被研究者认为是最易出现工作倦怠状态的职业之一。随着我国第八次基础教育课程改革的深入展开和社会经济的飞速发展,小学教师承载了社会与家长越来越大的期望,他们大多承受着相当沉重的工作与专业压力。如何才能学会对工作压力实施自我管理以有效预防职业倦怠,进而实现自身职业生涯的合理规划,体验职业幸福,这已成为广大小学教师专业化发展道路上的重要议题。重视小学教师的工作压力并指导他们进行有效调适,也已成为我们心理学工作者义不容辞的职责。

　　尽管教师工作压力管理至关重要,但令人遗憾的是,长期以来,专门针对小学教师所开展的工作压力的研究明显不足。我们在深入一线小学教师进行广泛调研的基础上，在全体编写组成员的齐心努力下，历经数年，在这方面做了一些初步的有益尝试。我和我的团队成员共同建构了本书的内容体系。我们尝试引导广大小学教师关注自身的内心世界，认清工作压力对自身生活质量的影响，了解工作压力产生的内外部条件，进而掌握改变自我、优化工作环境、提升职业幸福的技巧与措施。这既是我们致力实现的目标，也是本书的主要内容。我们力求针对小学教师工作压力的现状，立足于小学教师减压的理论与实践探索，以工作压力基本知识为突破口，围绕着小学教师的压力具体成因，站在积极心理学的角度，从认知、情绪、意志、人格与社会支持等方面论述常用的职业减压措施与手段；同时还站在教师职业生涯规划的角度，具体阐述不同岗位小学教师的心理调适，以实现其身心健康与教育业绩的双重丰收。

在此，我衷心感谢丛书主编高峰强教授长期以来对本人孜孜不倦的教诲，感谢他在本书撰写过程中所给予的及时指引与鞭策。高老师为提携后辈不辞辛劳，应该说，没有他的不懈鼓励，也就没有本书的问世。另外值得说明的是，本书系本人所承担的山东省教育科学"十一五"规划重点课题"新课改背景下的教师职业倦怠及其与职业价值观、自我价值感的关系"（115GZ26）的最终成果。我们对山东省教育科学规划领导小组对本项目的大力支持深表感谢。这里我还要特别感谢我的课题长期合作者、青岛市市南区燕儿岛路小学王冬梅副校长的鼎力协助！感谢她多年来在繁重的工作之余，与我共同探讨小学教师的职业压力与倦怠问题。与王校长的密切配合，成为我课题研究和本书写作过程中的重要收获。有了她的加盟，使得本书有望更加贴近广大小学教师的实际需求。

本书的完成是所有参编人员分工协作、集体智慧的结晶。没有他们所付出的巨大努力，难以想象能在较短时间内完成本书的编撰任务。在此，谨向他们表示诚挚的谢忱。全书分为基础、技术与实战三编，共十二章内容。各章具体撰写分工如下：第一章（邢燕、杨倩倩）；第二章（司继伟、胡丽萍）；第三章（胡丽萍）；第四章（王金素）；第五章（胡丽萍）；第六章（邢燕）；第七章（杨倩倩）；第八章（胡丽萍）；第九章（王冬梅）；第十章（王冬梅、张祖霞）；第十一章（王冬梅、梁金莉）；第十二章（王冬梅）。全书成稿后，由本人和联合主编王冬梅、副主编胡丽萍、张祖霞四人共同完成统稿工作。在此过程中，我的研究生邵慧同学不辞辛劳,参与了部分章节的校对工作。副主编胡丽萍除了负责自己所承担多章的撰写工作之外,还协助本人完成了成书过程中的诸多沟通联系工作。我对她们所付出的劳动深表谢意。

本书在写作过程中,参考或引用了国内外同行的大量著述以及青岛市市南区部分小学教师提供的案例,限于篇幅书中未能一一列出,在此一并表示谢忱。

古人云:始生之物,其形必陋。虽然我们已经尽力,但限于水平,书稿难免挂一漏万,可能仍存在不少疏漏与瑕疵,肯请广大读者不吝赐教。

司继伟

2014 年 5 月 1 日

谨记于山东师范大学心理学院

图书在版编目(CIP)数据

小学教师减压手册/司继伟,王冬梅主编. —上海:华东师范大学出版社,2015.1

(教师职业发展与减压丛书)

ISBN 978 - 7 - 5675 - 2974 - 8

Ⅰ.①小… Ⅱ.①司…②王… Ⅲ.①小学教师-工作负荷(心理学)-心理调节-手册 Ⅳ.①G625.1-62

中国版本图书馆 CIP 数据核字(2015)第 012972 号

教师职业发展与减压丛书

小学教师减压手册

主　　编　司继伟　王冬梅
策划编辑　彭呈军
项目编辑　孙　娟
审读编辑　帅　男
责任校对　时东明
版式设计　崔　楚
封面设计　杜静静　陈军荣

出版发行　华东师范大学出版社
社　　址　上海市中山北路 3663 号　邮编 200062
网　　址　www. ecnupress. com. cn
电　　话　021 - 60821666　行政传真 021 - 62572105
客服电话　021 - 62865537　门市(邮购)电话 021 - 62869887
地　　址　上海市中山北路 3663 号华东师范大学校内先锋路口
网　　店　http://hdsdcbs. tmall. com

印 刷 者　常熟高专印刷有限公司
开　　本　787×1092　16 开
印　　张　17.5
字　　数　246 千字
版　　次　2015 年 4 月第 1 版
印　　次　2015 年 4 月第 1 次
书　　号　ISBN 978 - 7 - 5675 - 2974 - 8/G・7875
定　　价　35.00 元

出 版 人　王　焰

(如发现本版图书有印订质量问题,请寄回本社客服中心调换或电话 021 - 62865537 联系)